再多一点

程新华和他的东方酒店梦想

郭亮／著

中国友谊出版公司

图书在版编目(CIP)数据

再多一点：程新华和他的东方酒店梦想 / 郭亮著. — 北京：中国友谊出版公司，2019.3（2019.7重印）

ISBN 978-7-5057-4306-9

Ⅰ. ①再… Ⅱ. ①郭… Ⅲ. ①饭店—企业集团—商业企业管理—经验—广州 Ⅳ. ①F726.92

中国版本图书馆CIP数据核字（2019）第000422号

书名 再多一点：程新华和他的东方酒店梦想
作者 郭　亮
出版 中国友谊出版公司
策划 北京即刻知识科技有限公司・布克加
发行 北京创美汇品图书有限公司
经销 新华书店
印刷 杭州钱江彩色印务有限公司
规格 710×1000毫米　16开
17.5印张　170千字
版次 2019年3月第1版
印次 2019年7月第3次印刷
书号 ISBN 978-7-5057-4306-9
定价 58.00元
地址 北京市朝阳区西坝河南里17号楼
邮编 100028
电话 (010) 64678009

序

Preface

吴晓波

2018年是中国改革开放40周年。在这40年中，中国老百姓经历了三轮消费升级，从当初难言温饱到现在追求美好生活，可谓天翻地覆式的变化。

酒店，就是一个能诠释中国消费升级的例子。

中国酒店业的第一次升级，从1978年开始直至20世纪90年代，伴随着中国改革开放以来的第一次消费升级。

1978年，中国老百姓的头等大事是温饱，当时中国家庭的恩格尔系数在60%左右，这意味着一户家庭赚了100块钱，有60块需要用来购买吃、穿用品。“满足短缺”是当时消费的头等大事，任何老百姓买得起的东西，只要生产出来，都会迅速被市场消化完毕。

在物资如此短缺、生活如此艰苦的时期，出行住宿自然不是中国老百姓的主要诉求。事实上，从1949年到改革开放前的几十年间，中国没有一家正式的商业性酒店，隔夜住宿几乎全部依靠国营性质的招待所，即便是改革开放的前十几年里，酒店也寥寥无几。

五星级酒店，大概是一个仅有的例外升级。

1978年，来自香港的霍英东在广州开始筹建中国第一家五星级酒店——白天鹅宾馆。但白天鹅宾馆在建造过程中，也不免时时受到“紧缺”这个时代主题的困扰，“一个大宾馆，需要近10万种装修材料和用品，而当时内地几乎要什么没什么，连澡盆软塞都不生产，只好用热水瓶塞来替代”。

在这个阶段，“星级酒店＋国营招待所”构成了中国人差旅住宿的主要体系。星级酒店的住客，大多是外宾和政府官员，而普通人的待遇是“招待所＋小旅馆”，酒店产品结构是一个只有两头、没有中间横杠的“哑铃”。

中国酒店业的第二次升级，发生在20世纪90年代到2012年，伴随的是中国第二轮消费升级。

进入90年代之后，中国服装、饮料、家电和零售业高速发展，大众吃穿用的需求得到满足。尤其1998年之后，中国开始快速城市化，在大项消费上，买一套房、买一辆车是最重要的需求，而在细分消费领域，品牌、质量则成为先富起来的一群人的诉求。

住宿业固定资产投资快速增长，供需依旧失衡，供给赶不上需求。受到旺盛需求增长的作用力，中国的中端酒店在红利的支撑下也得到了快速增长，但“两头大中间小”的特征，并没有得到根本性的改变。

增长最快的，是偏低端的经济型酒店。中国第一家经济型酒店在1996年创立，今天中国300多万家连锁酒店中，经济型酒店占比达到九成以上。

而星级酒店的问题则是服务同质化。过去十几年，每年我都要跑几十个城市调研企业，每到一处，大多由企业安排入住当地的星级酒店。很长时间里，我几乎说不出一家广州的酒店和一家上海的酒店到底区别在哪里。他们的服务，细致而标准，尽数师承于国际酒店集团，唯独缺少了中国本土的文化元素和属于每一家酒店的独特识别度。

我在2009年为一家美国咨询公司做过总顾问，他们在中国地区找了20个企业家交流，包括柳传志、张瑞敏、王石等，每个人访谈四个小时，建构中国企业家素质模型。在此之前，他们还做过日本、英国、美国、印度这四个国家的企业家素质模型。将中国企业家和这几个国家的对比之后，得到的结论之一，是中国企业家“针对本土的创新不足”。当时我迷惑不解，为什么身处全球最大也是增长最快的消费市场，我们的企业家们却会“创新不足”？创新动力的缺失是才华不足，还是缺个心眼？

这个问题，在最近几年的新一轮消费升级中，似乎得到了解答：有怎样的消费者，就会有怎样的企业家！所有的新供给，都是被新需求所呼唤出来的。

中国商业界普遍认可的新趋势，是中产消费群体的崛起，大约2.5亿—3亿的80后和90后新中产，开始认真地关注商品的质量与性能。

这一族群有四个显著的消费特性：

第一，他们是典型的性能偏好者；

第二，他们愿意为高品质埋单；

第三，他们是精明的广告辨识者，一旦认同，则将成为持续的消费者和慷慨的分享者；

第四，商品的定价与成本无关，而取决于消费者的价值认同。

今天发生在中国市场的企业家及品牌迭代，就本质而言，是消费者迭代的结果。

在酒店业中，这一趋势则体现为经济型酒店向上升级，高端酒店品牌下沉。

东呈国际集团是其中的代表性企业。

2006年，创始人程新华在深圳春风路正式创建他的第一家经济型酒店“城市便捷”，目前已在全球创建、管理2000余家酒店门店，覆盖城市商务、精品、度假、公寓、潮流生活方式等主流消费市场。在中国酒店集团排行榜上，东呈排在前5位，全球范围内则排在前15位。

在东呈发展的过程中，强调东方美学和服务中产人群是突出的差异化特色，将“思、闲、雅、乐、逸”融合到酒店产品与服务细节内，将中国和东方生活方式，以新的工艺和范式服务于新的人。这种“针对本土的创新”在东呈旗下的怡程、瑾程酒店品牌中得到了集中体现，新一轮消费升级所蕴含的酒店消费需求正在被一种称为“东方生活方式”的全新体验所满足，这种体验是丰富的，对于下一个时代的酒店行业也有巨大的想象空间。

我们有理由相信，在一个中产阶层崛起的社会，本土创新的企业会得到市场的丰厚回馈。

前　言

Foreword

一个古老行业的新进化

一团火焰记得什么？

如果记得太多，它会熄灭；如果记得太少，它会熄灭。

燃烧的火焰意味着，记忆只能不多不少。

——乔治·塞菲里斯

一

这个星球上的酒店行业几乎是一夜之间长大的。

在久远漫长的六七百年间，该行业一直没有显著变化，唯一的功能就是给旅人提供歇脚安寝的一方狭小空间。随着农业社会转入工业社会，酒店行业的业态仿佛毫无征兆地从

“小驿馆”直接升级成了“豪华大酒店”。因为当时的客人群体的核心诉求是营造社会名望、展示社会地位，从而获取更多的社会资源，使得他们能更深入地参与工业化时代。

设施豪华的大酒店就是满足这一诉求的最佳场所。自从1788年世界上第一家真正意义上的酒店Hotel de Henry在巴黎创办之后，酒店业开始加速发展。其中比较有代表性的是伦敦的Savoy Hotel、纽约的Delmonico、柏林的恺撒大酒店等，而中国在鸦片战争后诞生的“招商客栈”，也是如此。

很显然，从诞生的那天开始，这就是一个典型的客户导向型的行业——作为酒店经营方，决定酒店业态的不是其经营者，而是酒店的客人。从简陋单一的驿馆变成豪华大酒店，没有多余的过渡形态，简直就是那个时代的“从0到1”，背后原因正是消费升级，因为人们需要这样的消费场景。

事实上，人类历经的著名消费升级屈指可数，而且间隔越来越短——农业时代进入工业时代，工业时代进入电气时代，电气时代进入互联网时代。

现在，我们已站在新时代的大门内，酒店行业的变化速度将尤为惊人。

二

变化并非没有来由，而是建立在历史的基石之上。

中国当代的商业酒店行业，要从40年前的改革开放说起了。1979年6月7日，旅游总局呈送国务院报告，由国家立项，与美籍华人陈宣远各投资1000万美元建设中国第一家合资旅游饭店北京建国饭店，饭店共528间客房。

同年，国内第一家合资建设的五星级酒店在广州签约，这就是著名的白天鹅宾馆。进入20世纪80年代，随着对外开放的步伐进一步加大，世界知名酒店品牌蜂拥而入，假日、喜来登、希尔顿、雅高、香格里拉、半岛、新世界、日航、华美达、凯悦、美丽华、太平洋、马尼拉等30余家酒店集团均在其列。

表面一派繁花似锦，实际上却远离广大中国消费者。由中国人独立开设的面向普罗大众的酒店品牌，要再等10年才会迎来爆发。那是一段必须等待的过程。因为解决问题的关键往往不在于事情本身的是非曲直，而是在于时机与气氛。一如希腊诗人乔治·塞菲里斯的诗句："一团火焰记得什么？如果记得太多，它会熄灭；如果记得太少，它会熄灭。"时机与气氛，就是历史的记忆与火苗，必须刚刚好。

时间进入2000年之后，中国本土酒店行业终于等来了这种时机与气氛。

互联网的发展让旅行信息交换变得唾手可得，OTA（Online Travel Agency，在线旅行社）业务由此迅猛生长。

与此同时，内需成为拉动中国经济增长的三驾马车之一，而高频次、大规模的旅行人口正是构成内需消费的极其重要的一环。国家统计局的统计数据显示，2000年，全年民航客运总量为6722万人；到了2005年，民航客运总量达到了1.4亿人。

交通基础设施建设则属于拉动中国经济增长的三驾马车中的另一支柱——“基建投资”，中国土地上新修建的道路桥梁数不胜数。国家统计局数据显示，2000年，国内公路总里程约为140万公里；到了2005年，这个数字已经增长到了334.52万公里，短短五年内翻了一番多。

借助日益发达的交通体系，商业往来变得繁忙且便捷，差旅出行也成为人们工作的常规内容。

上述种种，皆是酒店业蓬勃兴起的客观条件。以“如家”为代表的如家酒店集团、以“7天”为代表的铂涛集团、以“汉庭”为代表的华住酒店集团……这些人们耳熟能详的酒店企业，几乎无一例外都发轫于这一时代。

至此，无论纵横，无问西东，中国酒店行业的黄金时代已然拉开大幕。

三

东呈国际集团（以下简称“东呈”），正是这一时期中国酒店企业的翘楚。

2006年，程新华在深圳春风路正式创办他的第一家经济型酒店“城市便捷”。时至今日，他的企业已在国内外创办并管理着城市商务、精品、度假、公寓、潮流生活方式等不同品类的2000余家酒店。东呈已位居中国酒店集团排行榜前5位，全球酒店集团前15位。

然而，数字本身并不足以叫人感知真切的震撼，背后的东西才是真正打动人心的。正因如此，我们将会在本书中看到如下四个层面的内容：

1. 企业家的好胜心既是外在的，又是内在的，而内在更重要。创办第一家经济型酒店之前，东呈就抛出了一些与众不同的标准——“房间更大一点、服务更好一点”，这种更胜一筹的做法事实上来自高档酒店。程新华对此有一个形象的说法：“从高档酒店的产品与服务中剪一段下来，再聚焦打磨，我们的经济型酒店产品就会比对手好一些。”如果这可视作他要胜过竞争对手，那么接下去若干年内的产品迭代与服务升级则体现了他胜过自己的那股决断力。他总能够在舒适区内找到挑战自己的办法，持续用“剪法”进行降维式打击，用“再多一点”的加法克敌制胜，就这样一家一家地开出了2000余家酒店。

2. 用户总有各种各样的想法，这非但不是麻烦，反而给了企业不断满足他们的机会。中国的市场是典型的大市场，不只是酒店行业如此，任何行业都如此。大市场意味着没有绝对意义上的“红海”，所谓红海也会因为用户的细分而变成蓝海，关键就在于：你是否愿意并且热衷于满足你的用户。

3. 企业只是一个概念，代表企业的那些人才是真实的。酒店企业的核心价值可以理解为“管理价值”，这既是一种有可能点石成金的管理体系，又是一种温暖人心的实体。用户要理解这些东西很难，但当他们在代表企业的人身上看到截然不同的东西之际，这种理解就变得轻而易举。洞察人性的企业会竭力让用户去理解代表企业的人，而不是向其兜售自己的标语与口号。

4. 以价格征服用户，你会赢得空间；以服务征服用户，你将赢得时间。东呈有“再多一点”的产品灵魂，在服务方面也是如此。他们的每一家酒店在产品与服务方面都有多达数百条的标准文本，无论这家酒店有500个房间还是50个房间，都是如此。他们在价格上亲民一点，却在服务上多做一点，并坚信可以由此从占有市场变成占有永恒。

正如万豪酒店的小比尔·马里奥特所言：“它们（万豪酒店管理的五大信条——编者注）很容易记住却不容易做到。”这些容易记住却难以做到的秘密，正是过去12年关于东呈的一切。它们在映射时代变迁的同时，亦如实记录下了一家中国酒店企业的成长细节。

对于旁观者而言，东呈的故事将是一个有趣的案例。而那些真正关心中国商业，关注以人为本的生活，将契约与尊严视若生命的人，则将对个中深浅心有戚戚。

酒店行业是少有的那种可以“持续加码”的行业，从经济型酒店时代的单一品牌打天下，到中高端酒店时代的品牌矩阵，程新华曾为两件事着迷，一件是规模，另一件是更极致的产品与服务。

如今，则有了新的追求。

四

在一个已经证明过自身价值的圈子里原地踏步是那些真正有抱负的人所无法容忍的煎熬。到了2018年，程新华意识到当规模不再意味着激荡的热爱，胜利则没有了意义。

他必须为这个时代的下一步做些准备。这些行动将具有一定的风险，不仅需要投入巨大的时间与成本，而且会受到全球经济、政治、环境等诸多方面的影响。然而，在人类文明的漫长岁月中，在全球酒店行业这个古老又短暂的行当里，任何进化的关键时刻，都不得不面对这样的风险。

只不过大多数人并不清楚也不在意这些风险罢了，因为我们知道，总有一些人，愿意替我们去尝试、去冒险。

事实也正是如此。

程新华希望运用过去多年积累的底层数据，结合“东方生活方式”创造一种具有超前性的未来酒店行业标准。对于商业界的人们而言，这是看不到利益的工作，而看不到利益就等于失去了动力。除非，此事蕴含着一些比利益更迷人的东西。

作为中国首个将“倡导东方生活方式”上升到企业使命高度的酒店集团，东呈高举东方文化复兴大旗，重拾“来自东方，服务世界”的初心，不断挖掘东方文化瑰宝的价值，提炼东方文化中可贵的价值追求，把充满现代气息的东方生活方式带给全球旅行者。

这是一项宏大的工程，大到竞争者们无心于此，也大到足以改变未来酒店世界的格局。

对于程新华和他的企业而言，这样的尝试除了冒险，还意味着一种“比利益更迷人的东西”。他们将其称为使命，因为“我不做，可能就没人做了”。这自然值得钦佩。从另一角度来看，这种使命也正是源于“不多不少”的时机与气氛。

我们国家与十几年前相比，发生了足够多的变化，以至于程新华的想法具备了现实条件。

这是一个正处于互联网时代向万联网时代过渡的阶段，过去这几年出现了诸多激动人心的“新物种”，已经在某些层面改变了人们的消费行为与生活方式。酒店行业作为古老的行业，一定也会发生叫人难以想象的进化。

改革开放至今40年，这段历史并不缺少优秀的商业人物，但好像从来都欠缺那种真正发自内心地热爱自己的事业，并愿意把它与一个个用户以及这些用户构成的未来联系在一起的人。

如果有机会，一定要亲自去东呈的酒店下榻。看见酒店，你就会看见这些人，看见他们正在创造的那个世界。

目 录

Contents

中 部 | 制胜法则

下 部 布道未来

上　部

硬派奋斗

楔　子

程新华是谁

我们之所以对某些故事如数家珍，实在是因为在这故事里的人身上看见了感慨不已的东西。若非如此，那故事再精彩，也注定匆匆而过，更遑论深藏心底了。

命运捕手

程新华，湖北人，生于1970年代，知名酒店企业“东呈”的创始人。

故事要从1992年说起，因为这一年对于当代中国经济和今天活跃在商业舞台上的大多数企业家而言，是意义非凡的一年。程新华此后的人生也在这一年埋下了深深的伏笔。

尽管已经无法确知时年不过21岁的程新华内心深处是如何点燃了一

团火，不过与我们口耳相传的商业人物传奇命运截然相反，程新华的故事并不传奇，却比传奇有着更加令人感慨的东西。就像他后来的从商履历，可谓循着时代的轨迹，紧紧跟随。

说到时代与商业，中国商人裹挟其间的感觉尤为强烈。商业世界原本便有“阴”“阳”两重性。有“阳”则有“阴”，既有道德伦理，又有私心利欲。这种“阴”也决非人世间的力量所能彻底抹灭。可是正如我们所知，中国商业史历来就充满了对于商业群体进行压抑与克制的斑斑痕迹。

这种状况，即便不能以“重农抑商”一笔略过，却也是情节再明显不过的事实了。

1978年12月25日《人民日报》的社论中说：“在完成了土地改革，特别是在生产资料所有制的社会主义改造基本完成之后……我们没有完成把工作中心放在经济建设上的转移，国民经济发展缓慢，甚至到了崩溃的边缘。”举国上下对于经济建设的重要性由此达成共识，掀开了英雄辈出的改革开放大幕。然而旧思想要彻底解放却不是一蹴而就的，商品经济的发展也在此后历经反复，波折不断。

1992年夏天，《人民日报》连发两篇社论，一篇说：“企业是社会经济的基本细胞。”另一篇说得更直白：“改革能不能深入，建设步伐能不能加快，制约的因素当然很多，但一个主要的阻力，就是思想禁锢和传统积习太深。”“搞社会主义不发展社会生产力不行，发展社会生产力不发展商品经济不行，发展商品经济不尊重价值规律、发挥市场的作用不行。”

这个夏天标志着改革开放再次加码，“经济建设为中心”作为不变的纲领再度明确，商业活动终于彻底释放出百折不回的力量。

当年的全国经济体制改革工作会议指出，改革的重点是转换国营企业经营机制，使企业逐步成为自主经营、自负盈亏、面向市场的经济实体。深圳和广州开始出现“猜马赢大奖”活动，说是猜，实际就是赌马。一个姓郑的小伙子赢了头奖5万元，230多位中外记者把目光都对准了这则焦点新闻，大家说这是资本主义的东西，中国可没有过。广州市市长笑着对他们说：“马在哪里都能跑，它不姓‘社’，也不姓‘资’。”这句话成了当年最流行的话，也标志着中国的商业活动迈向了更加纵深的境地。

此时的程新华，在湖北省咸宁市温泉中学担任生物老师，这是一份安稳的工作，旱涝保收，待遇尚且过得去。

就在这个改革开放再度加码的夏天，他趁着暑假，沿中国漫长的海岸线一路南下。若说漫无目的，他分明是对外界发生的变化跃跃欲试；可若说他此行一定要有所求，却也言过其实。但有一点是肯定的，这次行程，最终促使其不久后放下教职，前往珠海追求“自由职业”。

程新华内心深处埋着一颗火种。正值青春年少，总希望自己的人生拥有更广阔的天地。况且他赶上了一个大时代，注定不能“安分守己”。

人的一生，总会面临选择。大时代却并非每个人都有机会目睹，这是命运给程新华的第一次安排，他抓住了机会。

在中学教书时，他兼任团委书记，是被重点培养的青年干部。假以时日，或许他会成为后来的年轻人在学校里常见的那类人物——举止从容，面对学生不怒自威，每逢全校活动便在主席台端坐并发表讲话……

那样的生活并非难以想象。或许正因缺乏变数，仅仅两年后，23岁的程新华便从学校离开，前往珠海寻找自己的第一份“自由职业”。他成了美国协和电讯珠海公司的一名职员，如今说来轻而易举，实则并非全无窒碍。

面试当天，程新华为了省下坐车的费用，决定徒步前往面试地点。怎料天气无常，大雨忽而从天降下，赶路的人哪有歇脚的资格，他顶着雨快步向前。饶是如此，心里忐忑难安，生怕误了这场人生的考试。

总算到达目的地，定睛一看，自己居然是当天唯一一个没有迟到的应试者。说来也巧，这就像西行取经的第一关，后面还有若干难题。公司的通信基站遭到雷击，程新华听闻此事，又主动跟着维修人员前往现场帮忙，耗费整整一天，毫无怨言。

这样的行为或许存有私心——太想获得这份工作。可无论如何，任谁看来，他的行为本身都已经是结果了。次日，他被通知录用了。

很多年后，程新华身上的一系列变化看似水到渠成，若只看表象，容易被归结为命运。可是细想便知，之所以命运偏爱某些人，是因为他们自己抓住了命运给出的机会。

我们对一个时代的深深误解正来源于此。程新华不是因为生于那个年代才获得了后来的一切，而是因为他做了一些同样常被人们所忽视的事情。

在珠海公司工作了一段时间之后，程新华被派往广西开拓市场。没用多久，程新华就在广西南宁站住了脚，并且不负众望，最终成为公司在南宁市场上业绩最耀眼的人。

此时的程新华，积蓄了一定的人脉与资源。1996年，他创办了自己的第一家公司，也头一次体会到了商业带给这个时代的活力。

公司主营业务是寻呼机制造与销售，另外还从事商业物业的转租。现在的年轻人早已不知何为寻呼机，通信技术行业给时代留下的烙印实在太过匆忙，风一吹就散了。程新华后来离开那个行业，与这样的认知有直接关系，他想做一些更扎实的东西，不会“朝生夕死”。

这种认知刻骨铭心，一是因为来自市场的温度使然，二是政策变化使然。正当公司顺风顺水之际，给他带来人生第一桶金的商业物业转租业务，却因时势变化，大多被收回。

这就是我们所谓的命运。命运如果是以这样的形式被称作对企业家有所偏爱，那这偏爱显然名不副实。事实上，命运非但不是偏爱，而是以无情著称。

当时的珠海，广为人知的是那位发明了一系列“骇人听闻”广告文案的史玉柱。此人的传奇经历早被街头小报传颂不已，而街头小报也正是他当年开拓保健品市场的独家发明。史玉柱以计算机汉字处理系统起家，再介入保健品制造与销售，巅峰时期在珠海兴建亚洲第一高度的巨人大厦，没过多久，这座大厦在各方要求下层层加码，从亚洲第一追到了世界第一，终于因资金断裂几乎压垮了这位传奇的巨人。

中国商人不得不相信命运，就是因为一旦这所谓的命运脱离了自己的控制，就会变得残酷无情。

更无情的事情还在后面，甚至在最困难的时候程新华迫不得已与几位老员工挥泪告别，并随时准备迎接公司的最后一天。

可是只要这一天还未到来，程新华依旧在和那些无情的细节对抗。经历了珠海与南宁的从商生涯，他俨然成了家族中“最有钱的人”，远亲近邻子女就学，他慷慨解囊，哪怕是公司最艰苦、最难熬的那些日子里，也从未中断。

这是因为他从开始就知道自己奋斗的意义。倘若自己被他人视作一种能够赋予希望的“命运”，这命运才有意义与价值。从这样的角度来看待程新华的奋斗，我们才会对发生在他身上的很多不被人所理解的东西洞若观火。

于家于国、于生于死、于时代、于未来，他相信的命运，是那种真正温情脉脉又蕴含着无穷力量的东西。

时代与深圳的礼物

程新华曾经的失败与后来的成功，都离不开两个关键因素。一个是1992年夏天的南下之旅，另一个则是寻呼机业务的转型尝试。前者为他打开了商业人生，后者为他注入了商业精神。

1998年，在广西的寻呼机市场上程新华的名字已经是金字招牌，他由此第一次有了扩张的冲动。过了两年，他就去深圳开办工厂，那也是他第一次寻求转型。

深圳，在中国当代商业史上是一个特殊的标记，不仅仅因为这里是经济特区，更因为那个时代在这里留下了时至今日几乎所有商业故事的原型。

2001年，程新华就像当时在深圳街头的大多数人一样，怀揣着令人激动的理想，却不知道这理想早已在暗中标好了价格。

以前在广西，他时常冒着风雨，挨家挨户地销售寻呼机。不过与后来的经历相比，这种风雨可谓一种并不艰难的成功。因为来到深圳的几乎每个人都是这么干的，却败多胜少。苦难的意义也在于此，虽其绝非成功的必需品，但若是成功少了苦难，就一定缺乏说服力。

于是，我们就可以自然而然地猜到一个事实——他在深圳没能再度获得“并不艰难的成功”，而是损失了即便在今日看来也是很大的一笔钱。

说来或许觉得轻率又好笑，他去深圳开办的那家工厂，制造的是一种名叫“坐姿矫正器”的新鲜玩意，注册商标“亮晶晶”。为了打开销路，还耗费大价钱在央视打了广告。

刚开始苗头还不错，但那个时代的残酷旋即而来。由于这款产品的技术门槛不高，工厂的销售渠道也远未如广西的寻呼机市场那般简单稳固，当模仿者一拥而上时，程新华的工厂没能扛过去。

今天回想起来，这种昙花一现的产品似乎不值一提，甚至会令人不无刻薄地猜疑：谁会花钱去制造这样的东西？可是当我们转身打开购物App（Application的缩写，应用程序，一般指手机软件），又似乎发现那上面应有尽有、无所不包。我们甚至能在上面买到家里所需的几乎每一个水管配件、每一颗螺丝钉的螺帽、每一件家具的配套把手……

这时我们再想一想，这些东西又是谁花钱去制造的呢？总有一些人在生活的背后默默地改变着一些东西，哪怕这种沉默的尝试时常被误认为毫无意义。

无论如何，程新华从通信科技领域转移到当时遍及深圳的实体制造行业，很快便在这条路上折戟沉沙。不过，这也绝非一无是处的莽撞之举。

实际上，在当时的深圳，著名的“挫败者”遍地都是。

马化腾的OICQ有了100万注册用户，可是苦于没有成熟的商业模式，入不敷出，正张罗着用300万元把腾讯公司给卖掉，却被认为“狮子大开口”而无人接盘；顺丰因加盟商模式面临利润下降、管理失控，创始人王卫试图强力修整模式并惹恼了加盟商，据说还被人雇凶追杀；王传福生产的镍氢电池受到东南亚金融风暴影响，他的比亚迪公司资金紧张，命悬一线；华为的发展势头倒是不错，但任正非却张口闭口都是“华为的冬天”“我没有远大的理想，我只想这几年如何活下去”……

深圳就是如此：溽暑蒸人，却冰凉彻骨。这座城市给人们劈头盖脸地泼下冷水，同时也给他们打下了深深的精神烙印——以经济为中心，以客户为中心。纵使壮志未酬、风流云散，却最终青春永驻、四处开花。所以，深圳滋养的这批商业人物中没有老人，永远都是时代的年轻人。

程新华是那个时代播下的种子，也是在深圳这个巨大的磁力场中历经沉浮之人。对于他来说，当时固然未能取得商业上的回报，却已注定了后来诸多大事的开端。过去的记忆，让他刻骨铭心，映射在这些年的商业之路上，又是如此入木三分。

值得信赖的人

从深圳铩羽而归，时间已来到2003年。

程新华一度陷入了迷茫之中。身边有很多朋友登门拜访，有的想拉他去开发房地产，有的牵撮他开发矿产资源，有的怂恿他去经营农场……

直到偶然机会，他误打误撞进入了酒店行业。2006年，中国的经济型连锁酒店行业尽管起步不久，但是很多背后有巨大资本推动的酒店品牌已经遍地开花，恰逢中国加入WTO（世界贸易组织）五周年，资本的影子随处可见。

2006年12月5日，中共中央、国务院召开中央经济工作会议，会议提出要正确处理好投资和消费、内需和外需的关系，最根本的是扩大国内消费需求。这种倡议是有数据支撑的，2006年前10个月，全国社会消费品零售总额达到62089.1亿元，同比增长13.6%，是1997年以来的最快水平。

在这样的氛围中，商业界短兵相接的场景处处可见：百思买收购五星电器，国美电器收购永乐电器，家得宝收购天津家世界家居。零售行业率先吹响抢滩登陆号角；“苏丹红咸鸭蛋”“孔雀石绿桂花鱼”“药物残留多宝鱼”等事件频频曝光，人们之前从未像当时那样对食品安全问题高度关注，然而更糟糕的事情还在两年之后。人们开始思考这样一个问题——过度追求速度与规模，也许无可避免地会让商业失控……

酒店行业的竞争也堪称热闹，有人专门研究了中国经济型酒店发展历程，然后惊讶地发现：2004年到2006年全行业开店规模翻了3倍，平均出租率超过90%，而世界平均出租率不过60%；国内酒店集团，如锦江、首旅等已纷纷启动发展经济型酒店；中国经济型酒店已成了众多资本关注的目标，而且如家赴美上市大大提升了投资者的信心。

显然，对于程新华而言，他要进入的是一个符合很多人定义的喧闹“红海”。然而在广西南宁、在深圳，他看到的和自己所想的情况相差无几，这种情况就是：通过更好的服务，完全可以在所谓的红海中辟出成块的天地。唯一的问题在于，仅凭一己之力，无法与大资本角力。但他关心的是：只要能在今天存活下来，就不怕没有明天。

于他而言，这是一种喧哗之中的寂静，也像是一种过于喧哗的寂静，仿佛一个人在行人如织的闹市之中对着显微镜仔细研究一块阒然无声的石头。现在我们已经知道他那句被媒体引用过的话：“不谈战略，趴下干活。”这是一句显得特立独行的话，与不少企业在创立第一天就把伟大的战略贴在墙上反复吟咏的场景截然相反，他的东呈在2006年之后相当长的日子里，从来不谈战略。

因为谈了也徒劳无功，这是他说的。

程新华说话不啰唆，总能一语中的。这种行事风格符合中国传统文化中的价值观念，我们这个国家总是对那些夸夸其谈的性格投以不屑。事实上，他并非不善言谈，而是出于同样务实的考量，不希望在自认为没有意义的时机浪费口舌。

但他也不是那种独断专行的人，我们有足够的细节去发现此人总是怀着一种“顾全大局”的想法，不想让别人为难，哪怕这个“别人”就是他的下属。说到这里，也就不难理解为什么东呈的酒店能创造出那么多的“小花招”去吸引客人，因为在中国，一家企业如何对待自己的客户，在很大程度上取决于这家企业的创始人是一个什么性格的人。

某些时候，他会对过去流露出遗憾，也设想过如果当时更加雷厉风行或许结果会有所不同。可是遗憾不等于后悔，事实上也无法后悔。我们是什么样的人，并不取决于我们能在多大程度上意识到曾经面对过其他可能性，而是取决于我们与生俱来的那些东西。

这些东西包括性格、兴趣、雄心、机缘……综合到一起，塑造了今天的我们。有的人总是充满魅力，即便失去一切，依旧让人感到可以依赖。可是话说回来，也正因为他们总是能被人认为值得依赖，因此也永远不会失去一切。

程新华在2006年将要走上的这条路，正源于他是这样一个人：在性格上，他有着可以被说服并加以适应甚至改变的特征，这往往让人觉得他平和可信；可是在内心深处，他有一些坚不可摧的信念，那就是坚信自己所掌握的技巧能够让他和企业与这个世界自然相处；过去，他善于洞察表象之下的规律，认为中国的商业发展遵循着某些必然的轨迹；对于未来，他又确信自己的判断不是无中生有，而是建立在亲自参与并为之奋斗过的历史之上。

扛鼎者的新课题

程新华笑起来像极了那位“最传神唐三藏扮演者”迟重瑞，但凡从那个年代成长起来的人都能瞬间浮现出这样的形象：庄重和善，与生俱来的大气场，身处荒乱尘世却因心存信念而一往无前……

某种程度上，这也确实是程新华本人的真实写照。生于20世纪70年代的这批人正是当前社会的扛鼎者，如今东呈在全球的员工已逾万人。可想而知，一个带领上万名员工的企业创始人似乎必然是这样的庄重形象。

但他也有另一面。

2013年，刚过不惑之年的程新华有了新的人生课题，他必须尝试一种颠覆性的改变。这种改变，首先始于个人形象。

以前他的穿着总是老成持重，用员工的话来讲就是“典型的干部模样”。于他而言，那样的外形既得体又安全。可到了2013年情势已至，把公司从广西南宁搬到广东广州，他已下定决心发起一次战略性的变革。而在此之前，他曾有足足10年刻意回避“战略”二字。

他不是那种性格张扬、动不动就说一些华丽辞藻的人。一件事，如果在他看来火候不到，是无论如何不会贸然揭开盖子的。从广西到广东，看来是火候到了。

有人把2013年称为中国改革开放的下半场元年，并认为与上半场解放劳动力的自由流动有所区别，下半场的时代趋势将聚焦于金融资本的自由流动。这种观点有一定的合理性，因为金融界的上空明显飘来了不一样的空气。

金融的本质之一是可预期的收益，而可预期的收益来自规模化的工业生产方式。经过35年的改革开放，中国经济在2013年确实已经踩在了这个时间点上。“一行三会”发布了或许是有史以来最密集的一系列改革措施，证券、期货、基金、银行等金融业态之间的壁垒被逐一打破，“大资管时代”来了。

如果以上变化看上去与普通人的生活并无关联，则紧接着发生的事情，将会深刻改变此后中国人的吃穿用度——余额宝仅仅用了6个月，资金规模就超过了1800亿元人民币；各地民营银行的开办申请此起彼伏，互联网行业自然也不甘其后；互联网金融借着这股东风，在接下去的三年内引发了一连串涉及全国各地无数民众钱袋子的惊天新闻……

金融业改革，历来是中国改革最坚硬的骨头，其背后意味着直指市场经济发展的新阶段——过去中国凭借巨大的人口红利便可一路发展为世界第二大经济体；如今，量变到质变的时间到了。金融业改革若是取得理想的成果，中国的经济发展将再次赢得数十年的繁荣岁月。

程新华此时终于决定去一个更大的平台上试一试，除了上面提到的这些新时代的呼声，也是因为内心深处越来越强烈的一种感觉：就像这年荣获中央电视台年度经济人物的雷军说的那样，大风已经起了。对程新华而言，这风，起于青萍之末，他在自己开办的酒店里无数次聆听客人们在大堂里的对话，他作为一家酒店企业的老板，不仅知道自己的客户希望获得什么，他也深深地知道，南来北往的人们正在构筑起一个什么样的时代。

那将是一个向上发展、消费升级的时代，将是一个将品质看得比数量更重要的时代。在中国当代商业史上，这还是头一遭。

如今的程新华看上去更有活力，符合年轻人们对一位思想开明的老板的期许。他的公司也度过了最初的幼态阶段，进入了生气勃勃的青春期。从这个角度而言，他的变革还远未成功，因为公司的核心领导层平均年龄仍有40多岁，而理想的目标是40岁以下。

之所以有这样的目标，一个很重要的原因就是这家名为“东呈”的公司和其所处的行业都很年轻。从2006年公司旗下的第一家“城市便捷”经济型酒店开办至今，也不过区区12年。若以近年来他们接二连三地发布若干中高端、主题酒店品牌而论，时间就更短了。

显然，如果核心管理层都是年过半百的老将，对于一家正处于青春期的企业，是一件资源错配的事情。核心管理层意味着“带兵征战”，这与白发银须的董事会不是一个概念，尤其是酒店行业。

在中国改革开放的这40年里，这个行业真正落地生根、开花结果也就是近20余年的事情。对很多人而言，这个行业的时间起点——20世纪90年代中期，仿佛还是昨天。

在中国，这是一个年轻的行业。而程新华，似乎成了一个比昨天更年轻的人。

商业浪漫主义者

程新华是一个务实的人，他很少表现出天马行空的一面，遇事总是习惯性地拿出小本子做笔记，一丝不苟地梳理自己的思绪，这种看上去严谨认真的务实作风其实充满了总被这个时代遗忘的浪漫。常人理解的浪漫是情深义重的机巧，但商业世界里的浪漫却表现为精确妥当的谦让。

要做到精确妥当，必然要求解决问题的态度与能力；要做到分寸到位、让人感到自然的谦让，必然要求充满“我可以让渡自己的利益，从而让世界更好，让人们更幸福”诸如此类的牺牲精神。

对于客户而言，遇到一家这样的企业真是再浪漫不过的事了。但无论客户还是企业，往往意识不到这个事实。因为这个如此重要的事实，在一个充满草莽意味的市场上反而更像无关成败利钝的细节。

可是反观商业史，这种细节的威力又如此令人难忘：“希尔顿的微笑”不仅挽救了经济大萧条、大危机时代的希尔顿酒店，而且造就了今天遍及世界五大洲的五星级希尔顿酒店集团；帝国酒店打扫房间的服务人员必须将垃圾桶封存48小时再行处理，以防客人在房间内不慎遗弃了重要物品……

不只是酒店企业，事实上在各行各业都有这种听上去宛若“童话”的不可思议的故事。

海底捞提供被诸多火锅店模仿的眼镜布、头绳、塑料手机套、陪伴玩偶……这些“变态级”的服务创意，全部来自一线服务员，并且成功地复制到了海底捞的每一家店面；日本的很多超市在顾客装袋处都备有一块小湿布，以方便顾客沾湿指头打开购物袋；全日空航空乘务员的笑容被要求即使捂住嘴巴，也要让人看出微笑；当国内各大快递公司纷纷将货物堆放到社区驿站时，顺丰依旧坚持将每一件包裹都亲自送货到家。

这些令人印象深刻的细节总令人感慨不已，然而当我们仔细一想，想出这些“招数”的人一定不是那种以奇思妙想为生的人，反而一定是那些身处一线看似以体力劳动获取报酬的实干家们——真正的务实与我们对这个概念的误解恰恰相反，它不是一味地删减，而是持续地增加，这种有时候甚至让人无法看到明确回报的增加，正是出于理性的选择从而让他们对未来充满了信心与希望。此外，企业“取悦”自己的客户，纵然是一种有目的的行为，但并不影响“取悦”本身的真实性，也不意味着这种目的必然当场发生。

这是一种直达人性最深层的商业浪漫主义，更是那些拥有千百年商业传统的社会里公司基业长青且日臻完美的秘密。

从这个角度而言，中国无红海，却多的是故步自封的悲观者。我们有全球最具活力的市场，有全世界最不挑三拣四的客户，有着人类历史上久负盛名的宽容文化，可是依旧有那么多的企业固执地认为这个市场上的客户要求太高、赢利太难，认为除了自己之外的一切都充满了错误。实际上，往往是竞争充分的领域，才会诞生最伟大的企业家，他们不会把市场视作红海望而却步，只把看似无所求的行为日复一日地坚持下去，这正是未来的根基。

在某个时刻，也许是第一家酒店大获好评之际，也许是第100家酒店顺利开张的那天，也许是当他的第一笔寻呼机生意敲定的那天，程新华一定想过这样的问题——在一个新的商业时代与旧的古老国家碰撞之际，大多数行业都会发生巨大的变化，若有一个万全之策能让自己无论身处哪一行都可成事，那将会是什么？

他最终得到了答案，用了并不算长的时间。这个答案在他之后的生涯里深深地改变了很多东西，并让他随着日益悠长的岁月而愈发感到清晰。

这个答案，就是服务精神。而这种精神最无往不利的地方，正是酒店行业。程新华进入酒店行业始于一场阴差阳错的机缘。当他无意间发现一家稍作改动的招待所居然一房难求，很快就想清楚了这个行业唯一的秘密，也由此诞生了“再多一点”的酒店经营思想——“房间大一点、服务好一点、地段好一点、早餐多一点、价格高一点”。此后多年，东呈又将“再多一点”的理念进行了完善和延伸：多一点时间，培育孵化；多一点店面，验证落地；多一点思考，产品升级换代；多一点聚焦主流城市商务；多一点创新，基于主流城市商务做多样化、精细化补充……这种“多一点”的背后则是永不过时的经营本质：用更好的商品、更合理的价格营造一种超出预期的消费体验。

难点在于，传统的酒店经营属于典型的重资产行业，可是程新华当时还没有那么多钱，出于那个“希望做一些扎实的事”的想法，他也不愿意拿着投资人的资金去烧，因为纵然资本会催生出耀眼的果实，可是资本往往也会对匠人的精雕细琢感到厌烦。

于是结局只有一个：先不做大，慢慢来。于他而言，时间并不仅仅意味着输赢，更意味着经历时间本身的考验。

第一章

不谈战略，趴下干活

“不谈战略，趴下干活”是程新华早年奋斗的缩影，这也是所谓“硬派奋斗”的真实含义：在起步的时候虽能看见远方的天际，却更专注于紧盯着脚下的土地，这是一种中国式的创业态度。此时还不到谈战略的时候，此时是从0到1的阶段。

要真正了解这段创业史，方法只有一个：与记忆一道，置身于意义重大的那一刻，看看到底发生了什么。

第一家酒店的起死回生术

程新华对过去的很多事情都记忆犹新，一是因为那些事情宛若隔世又恍如昨日，二是因为他尽管很少对公众提及，但在内心深处明白这些事情正是决定了一个又一个10年的根源。

深圳的工厂失败之后，更大的危机也接踵而至。他在过去几年赖以发展的现金流业务——商业物业转租——遇到了麻烦。时值市场与政策双重变化，南宁的城市化发展迎来了新的局面，很多物业项目不再由承包人处置而是被收了回去。

对于时代与一座城市而言，这本来是好事。可是正如我们所知，中国商人往往在这样的转捩点不慎输掉一切，这种失败的原因有时甚至不是外部的变动，而是由于内部的不变。

那段时期，他一直在谋求转变，却苦于找不到出路。再这样下去，眼前的得失已足以令人心碎，更焦虑的是对于未来感到混沌不清。

那是2003年“非典”前后的日子。回想起来，全世界都陷入了短暂又巨大的慌乱之中。这年3月，世界卫生组织发布SARS全球警报，一个月后，中国成了最严重的SARS蔓延之地。

SARS全名为重症急性呼吸综合征，中国大陆惯称“非典型肺炎”，并简称作“非典”。这场传染疾病一直闹到夏天，公众在面对“隔离”“发热”“死亡”等字眼时不知所措……这些字眼以前只在灾难电影中集中出现，现在却成了出现在身边的真实场景。

北京的小汤山医院成了集中收治SARS病人之地，医护人员成了这场战争中冲锋陷阵的勇士。事后统计，全院1383名医护人员无一感染。一项被外界视为几乎不可能完成的任务，在这里完成了。

不可能完成的任务也发生在别的地方，正是在这一年，一些决定中国商业未来走向的事情初露端倪。

淘宝网与京东就是在这一年获得爆发式增长的，SARS在客观上让人们的线下消费大幅降低，而主打线上购物的电子商务则正当其时。

另外一件事发生在2002年年底，中国—东盟自由贸易区建设正式启动，广西南宁是中国—东盟博览会永久性举办城市。借助自贸区东风，钦州、防城港、北海等广西重要沿海城市一并构建起充满活力的经济贸易地带。

程新华第一次感受到什么叫风口，也由此决定了此后10年他将在南宁留下一生中最重要的回忆。

风口虽然来了，可是他的事业却陷于两难。虽然看不清方向，但程新华是那种喜怒不形于色的人。事实上，即便那些离他最近的同僚们，也很少看到他坐困愁城的模样。

我们很难断言这种态度直接引发了后来的事情，但若说二者全无联系，则与事实不符。

他依旧兴致勃勃地寻找新的机会，同时维护着多年来建立起来的那些友谊。程新华此后回想起来才大彻大悟——最艰难的时候，正是态度决定了结果。

当时程新华获得了一个改造某单位招待所的机会，他此前从未有过进入这一行业的想法，此次完全是机缘巧合。正如我们熟知的那个年代若干创业故事一样，他没有轻易拒绝这个机会。一是因为他对于改造物业并不陌生，二是因为此事受朋友之托，对他而言，这意味着不能辜负。

我们知道，处心积虑地进入某个行业与机缘巧合进入其中，有着巨大的区别。前者是那种执着于构建蓝图的人，后者往往更倾向于先做再说。但说到底，这世界上其实鲜有那种注定要从事某一行业的人，我们熟知的商业英雄也许只是在确定了某些东西之后，再大声宣扬自己一开始就是这样想的。

这并非关键，关键在于无论你是理想主义者还是实干家，最终都要付诸实施，区别在于先说还是先做。

程新华显然是后者。他在接下改造招待所的时候，压根没想过这会成为自己往后多年的方向。他当时想的是钱够不够，如果真的开工，怎么确保不赔钱……这些实实在在的想法，可以从很多人身上了解到，其中不乏那些最著名的商业人物，比如任正非。

对于实干家们而言，时刻将目光放在实际问题上，再沿着轨迹慢慢抬头看远方，这是一种生存的本能，也是他们的商业常识。

程新华确实不能再赔钱了，接二连三的坏消息和捷报频传的好消息在心里往来交织，眼下的这个项目怎么看都像是上天安排的考验，就看他能不能把自己一直以来当作金科玉律的那点原则在这旁人看来全无所谓的时刻坚持下去。

事实上，一旦没了原则，他简直不知道走路该先迈哪只脚。比如，他想不出该如何开口和招待所说自己的朋友不干了，他也不干了……人家好不容易答应把机会给他，让他去辜负这份心意，简直比要了他的命都痛苦。

思来想去，那就做吧。如若失败，便坦然接受。至少他从里到外是个完整的人，对他而言，这样是舒服的。

今天已经无法精确地找出当年这项目的改造费用总金额，大致在二三十万元，并不是一个很大的数字。但想一想当时程新华的处境，便能体会这笔钱也并不轻松。

招待所的改造工程并不复杂，一是受限于资金，二是作为试水项目本就不该大动干戈。但程新华还是在力所能及的范围内将改造工程做到了极致。

今天我们在城市便捷酒店里看到的不少服务在当时已经初见端倪，比如“房间干净一点，服务热情一点”，在2003年前后，这样做的直接目的当然是营销——价格要卖得高一点。

说起来这不是什么高深的道理，但有这种意愿的人依旧不在多数。程新华每次谈及这些话题都感觉没有深入探讨的必要，因为在他看来，这是经历过深圳与南宁寻呼机市场的磨炼之后自然生长的东西。他并不认为自己是那种圣经贤传中天生的信徒，也对那种将所有成功都归因于自己的做派深感不安。

这是一个简单的原则，既然我们的目标是把项目完成并实现赢利，那就把该做的事情做完。

什么是该做的事情？对于一个将变化转变为机会的人而言，该做的事情就是那些为了实现目标而应对变化的招数。

以招待所为例，在程新华改造之前，正如全中国遍地可见的那种国营招待所一样，外观破败，房间里散发着陈腐潮湿的味道，公共空间总是湿漉漉、黑黢黢，这样的空间也只能接纳那些为了拥有暂时的容身之所又没有意愿花更多钱的客人。

改造的第一步就是外观，招牌重新设计，外墙全部粉刷，包括院子的墙面也都粉刷，甚至不只是招待所的外墙，连带着将整个建筑的外墙都粉刷一遍。这样做是有一点小心思的——别人看到粉刷一新的墙壁会以为整幢楼都是这家酒店。再加上院子周围张贴的海报，这种感觉进一步被强化了。

第二步是室内的卫生，除了改造过程中的统一清洁工作，程新华也制定了全新的制度。从他以前做寻呼机销售的那套办法来看，用制度去管理工作是一件卓有成效的事情。

第三步是灯光，把昏暗的灯泡换成明亮的日光灯，即使人们走在长长的廊道上，也不会感到自己像是身处无尽隧道，而是宽敞明亮。光明让人有安全感。

最重要的东西似乎并非这些硬件方面的改造，而是关于人的改造。企业家们都知道，这是最难的部分。因为普通人对待工作的态度无非是应付差事，真的让人意识到工作的价值却不容易。这里面有两个东西非常关键，一是这份工作的真实价值往往难以量化和反馈，二是领导者很难用有说服力的方式令员工信服。

程新华做了一件事来解决这个问题，这件事在此前多年与此后多年都是他一直保持的一个习惯。

他时常在酒店内外“巡视”，说是巡视，其实是观察和聆听。他不干涉员工们的具体工作，但总是用心地听他们与客人的对话，随后进行有针对性的改进。巧合的是，创办过如家、汉庭的季琦也有这样的习惯，一篇题为《酒店魔王》的文章这样描绘他：“从做酒店开始，季琦就不太相信咨询公司和市场调研，他只信自己看到、听到的，通过到一线巡店保持自己对市场的敏锐。”

程新华也是一个善于把变化转变为机会的人。等到这些步骤一一完成之后，员工们信服了。他们不是被程新华说服的，而是为后来的事实所折服。

简单改造后的招待所在这一年的利润是投资额的两倍，看似没做多少工作的小项目，居然变得门庭若市。不仅员工们没想到，程新华自己也没想到。

时至今日，他总有一种感觉，中国是个庞大的市场，那些名噪一时的品牌总在担忧一时一地的红海竞争，实际上他们没意识到，可能中国还有至少10亿人没听说过他们的品牌。

对于这些在商海中打拼的人而言，重要的不是规模与名气，而是像森林一样深深地扎根下去。最深刻的商业，永远就像一出戏，没有不出彩的角色，只有不投入的演员。

24小时观察法

尽管拒绝将成功归因于个人，但是程新华对这家招待所的起死回生依旧起到了决定性作用。很快，当他认真地复盘这个项目的前前后后时，就发现了更大的秘密。

这个秘密不仅限于南宁市的这些破败的小招待所，而是牵扯到了整个国家此时的新动向。

中国经济在2005年表现出犹如分水岭般的变化，其中蕴含着一些同时代的大多数人们没有看到的东西。

经济学家、时任全国政协委员吴敬琏说：“中国变革已进入‘深水区’。”它既指改革向更为艰难而未知的深处推进，也意味着利益冲突的复杂性与多元化。此外，“深水区”在商业方面的隐喻则被认为是中国人正在迎来一个纵深广阔、十分陌生的商业时代。

在过去，商业成功的砝码在于填补了市场空白，在改革开放前20个年头，这样的机会几乎随处可见。生产汽车玻璃的曹德旺、制造万向节的鲁冠球、兜售娃哈哈的宗庆后、代理销售电脑产品的柳传志……老一辈企业家们在最初的商业时代里，在一小块商业领域中持之以恒就足以将企业带向新的高度。

然而到了2005年，这种经验面临着新的挑战。

中国正在进入的深水区是伴随着一系列政策变革的，这一年国家至少在8个涉及国计民生的领域内提出了新的措施，这些领域包括个人所得税、股市、汇率、医疗、户籍……变革的决心毋庸置疑，但正如吴敬琏所说，深水区不仅意味着更广阔的水面，也暗藏着更凶险的杀机。

对于中国的新一代企业家们而言，他们在商业上也需要进行更加纵深的思考。粗放的、远离普通消费者的发展模式已经无法让企业获得足够的成长空间，精细化、品牌化策略成了市场的新需求。

酒店行业正是从2005年开始进入快速增长期。酒店管理专家赵焕焱说，中国酒店业与中国经济同步发展，酒店业整体利润2005年突破10亿元；2005年年末，全国共有高等旅游院校及开设旅游系（专业）的普通高等院校所693所，比上年增加119所，在校生30.84万人，比上年增加3.37万人……

能看见这种变化的人不在少数，但是拥有足够勇气为之做出改变的实践者却并不多。这背后是与国家推行变革措施同样复杂的东西。

为什么到了2005年，人们更有意愿为更好的酒店付出更高的价格呢?

一是“栖居之所”在中国经济中扮演着一个越来越重要的角色；二是中国人在通往城市的道路上，这个栖居之所的定义正在发生变化。

要理解这两个原因，或许要用令大多数人都深有同感的房地产行业来做类比。2005年是房地产业历史上首个大举“宏观调控”之年。因为自从两年前被确立为支柱产业，房地产业出现过热苗头。政府先后出台调整土地供应、调节市场及信贷结构、开征交易税费等措施，然而效果并不如人意。

不动产价格水涨船高，本质上是由于社会财富大幅增加，在世界各国城市化历程中，实践已证明这种现象乃是无法避免的必经之路。

房子就是典型的栖居之所，当人口从成本低廉的乡村涌入城市并将身份由农民转变为市民之际，栖居之所的重要性就前所未有地变得如此突出。不仅是数量上供不应求，在品质上人们也理所当然地认为城市空间就应该远胜于乡野。

酒店行业是一种临时性的栖居之所，但在中国经济迈入深水区的这一历史时刻，随行就市显而易见。

程新华对时代的洞察都建立在这样的事实基础之上，让他感到更加巨大的机会则来自另一个独特的事实——中国的地域发展极不平衡，且不动产租售比的不平衡更甚。

换而言之，广西南宁的资产价格尚且处于低位，若以租代买，则成本更低。他需要做的，似乎是竭尽所能租下那些曾经一度无人问津的物业，并且用最大的热情将其改造成更好的居所。其实这个规律他早已熟悉，在此之前他也曾租下不少物业，只不过用途不一样，他以前是将物业改造成通信卖场，现在，他有了新的方向。

改造酒店，显然比改造商业物业更复杂。首要的区别就是酒店需要的物业体量更大，建筑结构也从开敞式变为封闭式。为了找到这样的目标，他和最初的几位同僚发明了一种方法，现在他们戏称那是“24小时观察法”。

其实，这就是一种笨办法，却在那个大多数中国人都觉得陌生的商业时代里行之有效——当时没有足够的市场信息，没有大数据，没有智能抓取，没有足够的人员网络。但是有利之处在于，程新华眼前的这个市场也没有那么大。

广西南宁，他已足够熟悉，曾经挨家挨户上门推销的这个城市，那些存在机会的角落早就装在心里。

通过朋友、熟人网络的信息共享，加上自己和同僚们的腿脚，他们踏上了丈量这座城市的旅途。每当听闻某处有符合标准的物业出租，便马不停蹄前往该地，仅有的一台车就近停好，几个人24小时轮班值守。

目的只有一个，搞清楚街巷人流，粗略地估算出一个数据，如果认为足够支撑一家酒店的日常经营，就迅速签订租赁合同。合同金额大致在数十万元，租期则在15年左右。如今看来，这是极其划算的买卖。

但真正让人们感到更陌生的时间，并不发生在租下酒店物业这个阶段，而是发生在此后的改造与营业过程中。

统一的粉刷和灯光、干净整洁的环境、热情的服务态度、及时搜集客户需求并针对性改进，这些办法对于大多数同行们而言充满了新鲜感，对于客人来说，这种新鲜感更是前所未闻，却又合情合理。

用今天的话来说，这就是一种品牌化策略，程新华当时已经很明确地有这样的意识，并不是误打误撞。但他内心深处藏有更令人激动的一个细节设想却是：酒店就应该比招待所更好一点。

这个细节，几乎就是后来获得成功的源头。

好酒店是“比”出来的

“再多一点”，在此时的含义还只是比招待所更好一点，如今看来这是一种并不难做到的升级。可是这种升级孕育了一个无往不利的原则——程新华不需要凭空制造一些天马行空的噱头，他的一切商业行为都是建立在经过市场检验的历史之上。对于服务行业来说，这样的原则可靠、踏实，而且显然是时间检验的结果。

这种结果的弦外之音在于，这行业里很少存在常人看来横空出世的“黑马”。10多年后，东呈被同行们认定是黑马，实际上，程新华早已为此准备了很长时间。这样做的额外好处是：只要你足够坚持，待到山花烂漫，没人能轻易越过你用时间垒砌的这条护城河。

那么，“再多一点”本身又是怎么来的呢？显然，这和程新华的那个习惯分不开。

现在我们有足够的证据来验证程新华对于酒店这项事业已经投入了前所未有的热情，他不再对未来东张西望，而是决定在这行业里度过余生。这种想法并未让他产生那种好高骛远的庞大战略，却令他从脚下的第一步认真做起。

每当有空闲时，他会在酒店内外巡视。一来他对这项业务还远未烂熟于心，需要多看多想；二来他喜欢那种身处市场最前线的感觉。基本上每次巡视都不会毫无收获，他总能听到很多有意思的对话，这些对话的内容又往往让他的眼睛里充满了光芒。

今天东呈旗下的酒店创新服务中，很多灵感都是来自这些最初的对话中。比如为每间客房提供免费的矿泉水，空调一定要夏天足够冷、冬天足够暖，在经济型酒店中率先建造免费的公用洗衣房，退房时免查房直接结算……

这些问题，若非亲耳听到客人反馈，是很少有人能够凭空总结出来的。即使是世界上最会为客人着想的那些企业，也绝对不会提供无人谈及的服务，因为服务看似虚无，其实是最实在的东西。讨巧的服务让客人感到新奇，但有可能使用率不高，优秀的服务能触动客人的内心，杰出的服务却总是让人感到自然而然，既不尴尬，也不愧疚。

当程新华正式成立酒店管理公司之际，就从未将其定位成一家购买物业并开办酒店的企业，而是将重心放在“如何用一套卓有成效的办法让每家酒店都熠熠生辉”。要做到这点，必须重视最真实有效的市场声音。

之所以如此费尽心机地从客人身上获得这些信息，其实最本质的逻辑还是出于那个众所周知的原因——缺钱。正因为缺钱，反而让程新华造出了更好的酒店。

当时锦江之星、如家这些品牌已经在某种程度上与“经济型酒店”画了等号，人们提起经济型酒店就会想到这些品牌。虽然当时还远远不到正面交锋的时候，但程新华也要提前想清楚一个问题——如果有一天自己的酒店和这些如雷贯耳的品牌放在一起，凭什么让客人站到自己这边来呢？

服务当然是一个选项，但只有服务还不够。因为服务的价值只有当客人亲自体验之后才会彻底释放，可是品牌却并非如此。服务是构成品牌的重要部分，可是真正让品牌站得住脚的，而是产品。

在程新华与同僚们满大街寻找合适物业的那段日子里，其实还有另一项重要工作，那就是看看别人的产品究竟有什么过人之处。

很快，他发现了规律。无论走到哪个城市，只要是这些知名品牌的酒店，从建筑外观到房间内部，从入住到结账离开，几乎每个环节都是一样的，甚至连价格都相差无几。这是显而易见的事实，就像创办汉庭酒店的季琦在2004年对公众所言："在我国酒店行业的总量里，社会旅馆和个体旅馆占大多数，星级酒店只占3%。把社会旅馆类的产品改造为星级酒店，可以使之标准化。"

用程新华后来的话说，那是经济型酒店"一个产品打天下"的岁月。这样做的最大好处就是便于复制，迅速占领市场，但前提是需要足够的资金支持。

程新华显然走不了这条路。那段时间，他每天都在想这些事情，跟同事们聊的也是一个话题，那就是"怎么办？"其实答案从他改造第一家招待所的那天就摆在眼前，只是一直没有发现罢了。

"比他们更好一点。"同样的时间内，如果别人可以开10家店，程新华只能开一家，那就把这一家店做得比那10家更好，不用好太多，只要一点。

这样就能集中精力在产品上胜出一筹。别的酒店位置不错，那我的要更好一点；别的酒店房间别致，那我的要更大一点；别的酒店环境舒适，那我的不仅要舒适，还要有一点香气；别的酒店没有早餐或只有简单的早餐，那我的要提供更多早餐，而且要好吃；别的酒店千人一面，那我的要在整体风格一致的同时，每新开一家店都重新出一份设计图纸……

若说程新华眼中的好酒店如何得来？既是顾客“说”出来的，也是和这个市场“比”出来的。

既然无法在速度与规模上较量，那不如踏踏实实把产品做精。程新华不仅有这份耐心，也有这个条件。于他而言，时间并不仅仅意味着输赢，更意味着经历时间本身的考验。

10多年后的事实已说明，当初的慢并没有扼杀如今的快，反倒让这种快呈现出更加确定的方向。

小市场上的大王牌

尽管程新华的步子迈得不大，可是并未故步自封。2006年，除了在南宁寻找合适的店面，还意外地在深圳盘下了一家店，这家店正式挂牌“城市便捷”，对于程新华而言，成了一个标志鲜明的分水岭。

深圳城市便捷酒店挂牌之前，程新华的工作重心还致力于摸索“如何改造出一家不错的酒店”的方法；在此之后，他开始将之前摸索的那些方法逐步系统化，并决定将其复制到每一家新开的酒店。

从此之后，这些酒店都有了一个统一的名字——城市便捷。

当时的经济型酒店都在用一个产品打天下，也就是所谓的千店一面。大家追求的是一种极度统一、标准化的产品。那个年代打造酒店的这些企业家，大多有旅居海外的经历，成长过程中又对国外经典的商业案例耳濡目染，难免形成一种犹如青春记忆般的偏执理念，尤其是对于“标准化”这三个字刻骨铭心。大家都觉得中国商业史上的那些曾经灿若星辰的老字号之所以没能基业长青，一个很明显的原因就是没有做到“标准化”。

从某种角度而言，这样的认知是有道理的，因为标准化的实质是工业化，是流水线式的现代社会分工的集成体，生产效率相较于前将大幅提高，这是追求速度的结果。

可是从另外一些角度而言，标准化并不应该成为企业家追求的终极目标。就像东呈的酒店产品，你说它是标准化的产物自然没有错，但若说它的与众不同完全是由于标准化，则有些片面。

程新华的“城市便捷”在品牌识别度层面是标准化的，门头的配色、酒店的功能设置、改造工程的基本流程与验收、服务项目的设立与评估等，这些不只是粗糙的标准化，而是非常严格的文本式标准。然而，真正让城市便捷脱颖而出的，其实是这些标准之外的东西。

这些东西有两个层面，一是程新华本人对于酒店产品的执着，他有时痴迷的不只是比别的酒店更好一点、比过去的产品更好一点，他其实越来越执着于要比未来更好一点，也就是他现在常说的“适度超前”；另外一个层面则是在这种近乎偏执的追求之下，他的伙伴们透过标准，希望做得比标准更多一些。

对他们而言，标准只是底层架构，真正决定结果的是在此之上的那些独特的光辉。要做到这些，不仅要独善其身，还要改造出一批志同道合的“战士”。在后面的故事中，我们将看到这些“战士”是如何延续城市便捷的辉煌并将其逐步蔓延至整个华南区域的。

在中国商业史上，南宁似乎从来都不是一个风口浪尖式的城市。在这样的城市里执迷于打造别出心裁的酒店产品，在凡夫俗子眼中似乎有些异想天开。事实上，英雄不问出处，程新华在南宁一隅，不以大话夺人眼球，不用浮夸虚度年华，反而用一种一声不吭的方式，扎扎实实地造出一家又一家“更好一点”的城市便捷酒店。

这是一种硬派的奋斗姿态，充满了男人式的隐忍沉默，话不多，但是有劲儿。这是标准化之后的精髓，也是品牌化的本质——品牌昭示的是产品的灵魂，是打造产品的那些人的灵魂。

品牌意识被当作一个富有吸引力的故事广为传播，正是发生在2006年前后的事情。

著名品牌管理专家江小舟曾说："2006年才是真真正正的中国品牌年，它已成为全民意识、国家意识。"一个名叫余江的人又说："对目前中国大部分企业来说，实现产业升级和品牌塑造是一项极其艰难的任务，但是一个国家，如果没有一批推动国家经济融入世界经济的世界级品牌，这个国家的未来和前途是没有多大希望的。"他不是耸人听闻，当时的数据显示中国有170多类产品产量居世界第一，却少有世界水平的品牌。在2005年度的"世界品牌500强"中，真正属于中国商业界的只有三个，分别是海尔（89）、联想（148）、长虹（477）。而2006年的美国《商业周刊》刊登的全球品牌Top100榜单中，没有一个中国品牌上榜。

全中国都意识到品牌是比产量更重要的东西，南宁似乎还有点后知后觉。而外界对南宁所知有限，很多人"只知有桂（桂林），不知有邕（南宁）"，甚至还时而有人将寄给首府的信函寄往桂林，由此可以想见当时南宁的知名度。

此时，南宁又有128项重大项目开工，总投资达166亿元。这批项目涵盖城建、工业、商贸、水利等多个领域，建成后将成为南宁新的经济增长点。这些项目被当作这座城市迎接中国—东盟博览会的献礼，可是在客观上也映射出这里还处于"量变—质变"的量变阶段。

就是在这样一个堪称"小市场"的地方，城市便捷却早早地做了一些超前的事情。

城市便捷或许是南宁酒店市场上第一个有故事的酒店品牌，客人们在酒店里的喜怒哀乐开始被有意识地集结传播。员工们读到这些故事，心里又兴奋又忐忑，客人们读到之后就会将自己代入其中，希望也能获得和故事中一样的礼遇。

大家能产生这样的期待正是这些故事的真正意义。如果一位前来住店的旅客正好碰到一场大雨而身边没有雨伞，在与店员取得联系之后，店员便会带着雨伞前来迎接；客人喝完了房间内的两瓶免费矿泉水，还想再喝，没问题；客人去吃早餐，不想吃白煮蛋而是想吃煎鸡蛋，吧台上就有迷你煎蛋机和生鸡蛋……这些细节在故事里显得有点不真实，当人们来到店里发现果真如此，可想而知会有多么奇妙的感觉。

今天回头看这些事情，我们就会发现城市便捷的成功并非偶然。这些名叫城市便捷的酒店确实遵循着一种奇妙的逻辑——无论市场看上去多么微不足道，它们都尽力让自己更像那种大市场才有的王牌。事实上，这样做既是一种发自内心的对于事业的执着，也是一种另辟蹊径的竞争法则。

程新华最早的几位同事都能记起一些几乎相同的细节：为了确定城市便捷的门头招牌配色，程新华带着他们在闹市区反复拍照，只为确认哪种颜色更吸引眼球，令人过目不忘，哪种招牌的高度更适宜；从外观、门头到大厅、走廊，“一米一米地研究”；房间里标配的卫生间，从功能设置到地砖的颜色，从墙体要不要设计为半开放到门框的材质，事无巨细，有时候对某一细节就能讨论半个月……

显然，在程新华内心深处，自决定将酒店行业当作自己未来奋斗方向的那个瞬间，就再也没把城市便捷当作一个人云亦云、毫无特点的“行活儿”，反而是在那种即便与声名大噪的对手们相比还毫无优势的时刻，就立志于做一些比之更好一点的产品。

但他从未在当时公开说过这些想法，有时候会在本子上写下“一定要在这座城市、这个行业，鹤鸣于九皋而声闻于天”，身体里也仿佛憋着一股劲儿，让他看上去总是充满了力量，就像一位同僚第一次见到他时的感觉：“他的眼睛里有光芒。”

特殊人才兵工厂

中国的经济型酒店，在21世纪的最初几年里，营运方式基本以直营店为主。一方面，大家要制造标准、塑造品牌；另一方面，很多企业手里拿着大量投资，足以支撑直营店的资金需求。

可是程新华从一开始就希望以一种更加轻松的方式推行自己的商业模式：付出少量的成本和有价值的管理，与业主共同赚取高效稳定的利润。然而这份轻松实际上是建立在前期“不轻松”的基础上的。想想就明白了，你的模式再高明，如果没有落地的成果，谁又能相信你的模式可以放之四海而皆准呢？况且，当时的程新华也无从了解全中国的连锁营业模式究竟如何开展，因为做连锁加盟的酒店品牌凤毛麟角，即便最负盛名的那些品牌，大多数也都是直营店。

在这样的背景下，程新华实际上依旧陷在一种不无痛苦的局面中。他坚信自己对商业精神和商业模式的理解可以百战不殆，可是市场根本不给他验证的机会。于是，只能自己东拼西凑，用一家又一家直营店来证明这套酒店管理模式是有价值的，最显著的价值就是：他旗下的这些酒店都能赢利。

2006年之后的五年，是真正意义上“趴下干活”的五年，也是证明了东呈商业价值的五年。

一位亲自参与过那段经历的同事说：“由于专注与投入，当时我们开一家店就火爆一家。今天我们很难想象，一家经济型酒店刚准备好营业，就有人拎着行李箱办理入住。”

他所谓的专注与投入体现在诸如以下的这些细节上：

1. 床的高度不能太低，会让人感觉坐在地上；但也不能太高，坐上去也不舒服。那究竟应该多高？反复试验、调研、讨论，甚至是争论，最后定下一个“床架＋床垫”的高度标准，作为城市便捷第一代产品的重要技术参数，新开的酒店遵照这个执行。

2. 客人推门进入房间之后，第一眼看见的应该是行李架。这个行李架的样式、大小、材质，也要经过不断的争论、PK（比拼、对决），设计部门和工程部门吵得不可开交，最后得出综合结论。

3. 室内家具的组合应当同时解决两个问题，首先是美学问题，因为城市便捷的房间比同类产品要大一点，所以家具的摆放就有了更多的设计空间，摆放得疏密适宜才不会造成视觉失衡；第二个问题就是功用效能与造价，客观而言，精益求精的结果一定会造成单房造价上升，但程新华认为这样做是值得的。这是他根深蒂固的“制造业思维”——你给用户投入了多少，用户是能感觉到的；如果你想给用户更好的产品，就不能因噎废食。

4. 由于房间偏大，在床这一侧还有大量空间，该摆什么家具呢？讨论来讨论去，应该摆放小沙发和茶几，但是不能用可移动的沙发，最后决定每个房间量身定做固定沙发。从第一代产品开始，客人就能在城市便捷的每个房间里都看到精致的沙发，这在一个标准意义上的“经济型酒店”中是绝无仅有的。

5. 程新华是那种拥有整体眼光的人，但在酒店起步的这些年头里，他更注重产品的局部。这才有了一轮又一轮的内部大PK，大家都从自己的角度去看待产品，等这些局部细节渐渐完善之后，整体也自然浮出水面。

6. 在大多数经济型酒店将重心放在“经济”二字的时候，程新华的

“更好一点”理念注定让城市便捷显得不那么“经济”。一个简单的例子是“有声有色有味道”——从第一批酒店开始，时至今日，这七个字从未改变。我们很难理解，为什么经济型酒店里要有背景音乐，有明亮清澈的大厅灯光，有绕梁不绝的暗香浮动？因为市场对消费者的教育中没有把这些东西与经济型酒店挂上钩，可是程新华打破了这种陈规，这是一个小小的创新，但需要不少的用心与成本，结果是城市便捷变成了不一样的经济型酒店。

时间到了2008年的时候，凭借着这些专注与投入，程新华的酒店数量开始多了起来。虽然与那些知名品牌相比，这种“多”只是小儿科，但对于他本人及其雄心壮志而言，这种多还是带来了新的挑战——他需要更多的帮手。

也只有更多的帮手，可以让城市便捷酒店像预想中的事业一样真正发展起来。

可是去哪里找帮手？东呈此时还没有独立的人才培育机构，当时新开的直营店大多是亲戚熟人在帮忙打理，即便有一些外部加入的人才，但与今天的培训体系无法相提并论。

没办法，只能去市场上挖人。千辛万苦挖来了一些店长，却出现了新的问题。因为东呈没有自己的培训体系，这些店长都在沿用以前的经验开展工作，可是城市便捷从诞生起就与市面上大多数经济型酒店不一样，矛盾就这样产生了。

程新华知道，他需要的不仅是符合行业标准的人才，他更需要匹配城市便捷的那些与众不同之处的特殊人才。

要实现这一点，人才的统一培训和管理就显得迫在眉睫。当时程新华和他的几位同事总结出了一套极度精炼的培训方式，这也成了后来东呈大学的建校核心。其焦点在于“统一店长的思想，进而统一店长的执行力”。

如何统一思想？程新华的一位同事总结了几个字“饿狼模式”。当时他们在南宁已经有了30多家店，眼看着要开更多的店，有可能在接下去的一年就要再开30家店。这意味着每一个店长都是即将踏上战场的战士，而且只许成功不许失败。用以前的经验来面对这样的处境，很多人会不自觉地找借口，认为一切都跟以前不一样……城市便捷并不否认这一点，它们确实不一样，但对店长来说，要求的结果一样，因为面对的市场一样。市场是无情的，店长必须接受这一点，要不就像饥饿的狼一样去奋斗，要不就去以前的舒适区过一成不变的生活。总之，程新华桌子上的运营报告中不能出现任何为失败开脱的话语。

如何统一执行力？思想观念毕竟是务虚的部分，落到每家店里需要的是整齐划一的执行力，执行力就是战斗力。起步初期，人员五湖四海，没有集中培训，那就紧急动员，迅速量化指标。程新华的办法正是如此，每天每家店要进行日常盘点，各项经营指标一律量化。负责主抓店长管理的同事，每天早上和晚上手机不得不调为静音，因为他要接受店长们的“数据轰炸”。这些店长也被编为统一战斗序列，番号“狼营班”。后来的东呈大学保留了这个番号，直到今天店长培训班仍然称作“狼营班”。

经过此番紧急动员，事实上为东呈塑造了培训体系的根基。直至今日，东呈大学最看重的东西依然是数据，数据意味着量化，量化意味着务实，务实意味着一切更好的服务都有了事实依据。

而经受住“数据洗礼”的这批店长，在今天的东呈体系中几乎全部独当一面，他们是程新华一手树立的旗帜，代表着这个行业在未来最需要的一种特殊的人才。

对话国家领导人

2010年是程新华投身酒店行业之后遇到困难最大的一年。这一年，他动用自有资金在广西新开了20多家城市便捷酒店，加上之前南宁的那些店，算是在广西这一省级区域彻底扎下了根。

一方面，资金投入巨大。尽管按照当时的回报速度，一年时间的运营足以填补资金空缺，可是程新华知道，对于正在提速的企业而言，这种时间上的空白依旧可能是致命的。另一方面，人员的火速调配令他感到手忙脚乱。很多次，他都怀疑自己是不是又一次踏上了盲目扩张的老路，可是旋即又用市场数据给自己打气——表现良好的店铺，正是他敢于投入重兵的根本原因，没有理由不相信市场。

程新华不是喜欢冒险的人，但他也绝不会为了求得稳妥而止步不前。这一年的困难让他内心忐忑，不过这困难也为后来赢得了巨大的空间。

正当程新华排除万难持续打造“高端经济型酒店”并日益获得人们的认可时，一个让他进一步笃定梦想的机会来到了眼前。

2011年中国—东盟博览会如期召开，在此之前不久，程新华忽然接到了官方发来的消息，他反复确认了几次，终于确定了一个事实：他将作为广西新型服务业与劳动就业企业的代表，接受时任国务院总理温家宝在南宁的会见。

之所以会有此次会见，离不开当时的经济环境。美国作家彼得·海斯勒在这年出版的《寻路中国》中说：“在今天的中国，几乎不存在节省劳动力的诱因。每一年，外出务工人员的数量估计会增加1000万，年轻人离开农村的年龄呈现出越来越早的趋势。”《经济日报》则说：“由于汽车、住房等与住、行相关的消费增长明显下降，累计社会消费品零售总额实际增速比去年同期回落3.75个百分点。”这一年还进行了全国人口第六次普查，结果是中国当时有13.39亿人口。

形势已经逐渐明朗化，人口增长放缓，农村人口进城务工成为中国的常态，可是社会消费却放缓了。中国的经济增长模式正在出现新的变化，转型期至为关键的一点就是新型服务业所能带来的劳动力就业。

程新华的城市便捷酒店无论规模还是产品完成度在当时离他的预想还差很远，可是客观地说，在广西市场上，城市便捷是连锁酒店业的绝对王牌。

当官方将其列为被总理接见的候选企业之际，势必也考虑到了这点。

一位民营企业家能有幸得到国家领导人的会见，自然是一种少有的荣誉。中国人看重这份荣誉，有时候比实际的经济利益看得更重。

会见当天，程新华和另外几位企业家坐在一张会议桌的一侧，对面是温家宝总理。大家按照顺序先向总理进行了简短的自我介绍，接着回答一些总理感兴趣的问题，最后可以向总理提出自己的企业在经营中遇到的实际困难。

程新华知道，城市便捷在此次会见中最有代表性的优势在于，他们为市场创造了不少的工作机会，保守估计当时也有几千人。而连锁经营的模式在当时的广西算是一种新型的服务业态，占用的社会资源不多，却能创造不错的社会效益。

当谈到困难的时候，程新华直到今天都还记得当时的情形。他对温总理说，现在整个社会普遍对服务业的就业认知和评价不是很高，认为这是一个滞后的行业。事实上，这也是很多行业普遍存在的一个问题，如何解决这个问题呢？程新华当时只有一个模糊的方向：既然大家普遍认为服务业不是高端的行业，那我们就有目的地培养高端的服务型人才。

时至今日，这个方向被证明是极具前瞻性的判断。酒店这样的服务业代表了一种新的经济增长点，势必需要极具才华的人力资源。更让程新华感慨的是，如果服务行业的人员被社会评价为高端人才，一定意味着这个社会已经进入了更高层级的发展阶段。

这个逻辑并不难理解：改革开放40年，一大半是粗放的增长方式；现在进入下半场，方向必然是精细化，而人员的精细化是一切的根本。举个简单的例子即可一目了然——很明显，没有人会认为在希尔顿或者万豪这样的酒店工作是一件“不高端”的事情，相反，人们以进入这样的酒店集团工作为荣。

但这依旧是一种现在进行时态，程新华思考的是未来时态。他希望扭转的不仅是人们如何看待服务业，更希望塑造出一种真正扭转时代的服务业人才标准。为此他一直在和那些有同样想法的教育机构接触，如若有朝一日这种体系能够建立起来，将不仅能为东呈的全球化梦想输送人才，更可为整个中国和世界输出价值。

与温总理的会面结束之后，程新华在业务层面并未像外界预想的那样获得更多的支持，但是在内心深处，他开始真的把自己当作一个可以让未来发生一点变化的人了。

一个很明显的变化在于，他开始从“趴下干活”的状态逐渐起身，承担起更多的责任。在过去，这是他未曾想过的东西，他只想做一些扎扎实实的产品，让用户觉得满意，他也就心满意足了。

现在，他有了更多的想法。

去外地与外国开酒店

程新华的想法是两条清晰的发展线：一条是沿着国内线路由广西向纵深腹地发展；另一条是随着奔腾的大海，向东南亚进发。

他一直憋着一股劲儿，希望能和市场上的一流选手过过招，可是与此同时，他总是显得不够果断。因为他知道，那种刀光剑影的市场争斗会令人分心，然而一想到这一天总会到来，他就有些手足无措。

一方面，他已经没有避而不战的机会了，城市便捷无论从官方宣传还是市场反响，都已经是一股无法被对手们忽视的力量。换而言之，程新华被自己亲手送到了市场的聚光灯下。另一方面，他还不确定自己的企业仅凭着对于产品的热情是否能在竞争中获得胜利，从他掌握的信息和自己的判断来看，这种竞争一定是吃力不讨好的。

这时候，公司内部又争论了起来，这次的争论中有一句话让程新华茅塞顿开。

当时，大家分为两派，一派主张激进的扩张，一定要走出广西；另一派主张谨慎的防守，担心走出去万劫不复。程新华其实觉得主张防守的办法更稳妥，这也是人之常情。可是主张走出去的那边有人说了一句话：虽然外面的市场上强手林立，但他们毕竟没有垄断整个市场。我们想一想，如果城市便捷有机会和那些知名品牌放在同一条街上，客人是不是从概率上就存在选择城市便捷的可能？可是我们现在如果不去为这个概率试一下，你不觉得可惜吗？

程新华的心里动了一下。这番话确实有道理，而且以他对城市便捷产品的信心来看，这种概率不会小。既然如此，那一定要试。

但是选择去哪个地方呢？去了又该怎么打开局面呢？这两个问题又讨论了很久，最终决定北上武汉、东进广州。程新华的考量出于一个现实的原因，武汉毕竟是在湖北老家，相对来说更熟悉，他也能马上派出最得力的伙伴去那里启动工作。至于去了如何开展工作，想一想在南宁是怎么开的第一家店。没错，找物业。

程新华带着四个同事前往武汉，在市场上走了一圈，确定了一件事：这里不仅可以开城市便捷，而且这里需要城市便捷。他们看到的依旧是那种一个产品打天下的状态——无论有多少知名品牌，就产品本身而言，它们都千篇一律。而与之对比，城市便捷几乎在每个细节上都与众不同。

不久之后，在武汉黄浦大道，他们签下了城市便捷在深圳与广西之外的第一家店。

签这家店虽然用时不长，却历经起伏，公司内部“三进三出”。这种状况也说明当时尽管程新华已经对“走出去”有了一定的信心，但这种信心还没有两年之后那么强烈。

那些保守的同事们的担心不是没有道理，此时的城市便捷说到底还是一家区域性的酒店品牌，之所以在广西取得不错的成就，是因为他们在过去几年把所有资源都集中于此，从南宁向下渗透，形成了一种“铁网深耕”式的布局，在广西一地产生了良好的生态循环。可是武汉远隔重山，单城孤店自不待言，管理半径过于遥远，又如何能与现有的酒店形成联系呢？

与此同时，武汉黄浦店的物业月租赁价格接近每平方米30元，这是一个超出了程新华与同事们过往经验的价格水平，从商业回报角度而言，又该不该冒这种风险呢？

程新华心里不是没有疑问，但此时那种走出去的强烈感觉让他最终决定铤而走险。事实证明，他们的运气不错。酒店改造完成后，虽然依旧挂着“经济型酒店”的牌号，但实际上无论单房价格还是产品特点，已经接近于中档酒店了，价格比经济型酒店只提高了一小部分，整体性价比依旧站得住脚。

再加上武汉市当时正在进行大规模的城市更新，这家酒店的出现赶上了一种全面升级的消费趋势。武汉黄浦店，就这样幸运地开了起来。

当程新华感到形势比自己预想的要更加乐观之际，另一个选择也摆在了面前。这个选择就是去东南亚开店。

时任马来西亚总理兼财政部长纳吉布表示，大马政府在1997年金融危机后采取的一系列经济政策行之有效，该国经济正在“强劲”和“可持续”地增长。曾经提出“金砖四国”概念的高盛资产管理公司董事长、布鲁塞尔欧洲与全球经济研究所董事吉姆·奥尔良又在这年提出了“新钻十一国”，其中东南亚国家就有四个。这些新兴的经济体正如改革开放初期的中国，在投资与消费方面具有不可估量的增长空间。

在当年的中国—东盟博览会召开期间，程新华开始初步形成了将东南亚区域作为东呈全球化第一站的想法。

无巧不成书，一位马来西亚华侨与东呈取得了联系，这位华侨住过几次城市便捷酒店，来电询问能否在马来西亚也开一家这样的酒店。双方一拍即合，马来西亚也成了城市便捷在海外开店的第一个国家。

2011年就这样成了程新华人生中至关重要的一年。如果说与温总理的会面是对他过去几年“不谈战略，趴下干活”的褒奖与认可，那么兵分两路，去马来西亚与武汉开店则标志着城市便捷正式进入了战略性布局的新阶段。

所谓战略，是长出来的

过去接近10年的时间里，程新华信奉“不谈战略，趴下干活”，因为谈了也徒劳无功。可是当时间进入2012年的时候，不能不谈了，因为“城市便捷”这个品牌已经达到了100家酒店的规模。

一方面，他自己的很多想法开始浮出水面；另一方面，“6年百店”的答卷摆在人们面前，大家也迫切地想知道这家企业的过人之处。此时的所谓战略，更像是解答人们的疑问——为什么从第一家城市便捷酒店开业短短6年之内，这家企业就能实打实地打造出100家高品质的经济型酒店？

程新华自己的总结包括三个层面：外部环境使然、行业风口使然、东呈自己使然。

外部环境方面，中国从2006年到2012年间，经历了无数变化与沉浮，其中又以2008年为分界，形成了两段递进式上升的明显曲线。

著名作家许知远说2006年的中国“不管是南方还是北方，西部还是东部，总是惊人的雷同”。因为所有城市都在房地产建设的热潮中变得千篇一律，人们能够轻易地在西部某个欠发达城市的市中心发现犹如上海淮海路的外观。《参考消息》上的一则新闻说，中国每天新建房屋面积占到全球总量的一半。不可遏制的建设热情与发展速度，让中国成了全世界投资者的逐鹿之地。

进入2007年，所有人的热情都被推向了高潮，一位名叫法瑞克·扎卡利亚的编辑写了一篇《未来属于中国吗？》的文章并说：“中国的崛起不再是一个预言，它已经是一个事实。”中央电视台也适时播出了一部12集纪录片《大国崛起》，以此将人们抽象的情绪进一步具体化。

可是波折迅速到来，2008年美国金融风暴引发全球经济危机，中国概莫能外。可是在如此困难的时刻，中国依旧凭借强大的凝聚力举办了一届或许是迄今为止最精彩的夏季奥运会。可是盛大的焰火无法掩盖急转直下的经济形势，于是到了2009年，四万亿经济刺激计划出炉，中国经济随后重新迈上滚烫的轨道。此后一直到2012年，改革开放的前半程告一段落。

在如此大环境下，城市便捷酒店代表的新型连锁酒店行业赶上了一列快速发展的列车，全行业在此阶段获得了巨大成功，资本的推动迅速塑造了一个个人尽皆知的酒店品牌。如家成为国内第一家获得美国投资机构支持并最终赴美上市的酒店品牌；宜必思和速8成为国内市场上首批外资连锁经济型酒店品牌；7天酒店创始人没有酒店行业背景，反而引发了连锁经济型酒店与电子商务结合的新趋势；汉庭开始品牌细分战略，意图占领更多细分市场……

而程新华的策略则如前所述，一直保持着“趴下干活”的稳定态势。

这种努力的姿态既来自程新华对大事业的执着，也源于一个很现实的细节。程新华以其多年在中国行商的经验，很快就意识到酒店这个行业有一个很“硬派”的特点——用他们自己的话来说就是“C端生意不求人”。

他以前孤军奋战的时候，应酬喝酒喝到进医院，那种感觉令人沮丧。与之相比，酒店这个看上去并不大的生意，居然有不错的回报率。与其在一条产业链中向上讨好，不如转而向下取悦。取悦客人，就能确保源源不断地获取回报。这是中国商业的秘密，也是人类商业的精髓。

三个方面的原因本质上其实就一句话：此时的东呈战略，是程新华在过去10多年的商业生涯中逐步累积出来的，是在风霜雨雪、阳光雨露和自我努力的共同作用下最终的开花结果。

这时候人们还不知道，要再等四年，一个真正意义上的“东呈战略”才会最终出炉。到那时，除了过去这种类似于“自然生长”的要素，程新华又有了更加主动的姿态，那又是截然不同的故事了。

第二章

凿开市场：连锁酒店不相信原地踏步

程新华和他的同伴们在广西奋斗的那些日子，到了2013年画上了一个句号——公司的核心运营部门要从南宁迁往广州，开启新的历史了。

两台大车，一台载着人员，一台拉着家当。留守的人和将要离开的人依依惜别。尽管心里都清楚这是新的开始，本应充满欢声笑语，可是一想到也许以后的岁月里有的人将不易相见，泪水就忍不住地往外溢……

当大家真的站在了送别的车前，才发现真实生活中的送别没有长亭古道，没有一壶浊酒尽余欢，而是在与平日相差无几的一阵晨风中或者半轮夕阳下，让许多回忆永远地留在了昨天。

从实践者到梦想家

决定从南宁迁往广州的时候，程新华并不完全知道公司接下去会发生什么变化，但他知道有一件事绝对不能发生：公司只是在办公处所上发生了变化，而在经营、管理等方面却依旧如昨。那意味着这种“变化”毫无意义。

事实上，真正的变化在正式搬迁之前就已经开始了。

很多同事回忆起来，这次搬迁也像公司过去这些年的经历一样，充满了很多偶然，却也蕴含着必然。偶然的是，将要迁往的这座大楼是负责市场开发的同事们在广州偶遇并很顺利地租下来的。若非这座9层高的楼单纯用于开办酒店过于庞大，更适合作为公司的运营总部，恐怕搬迁还要再等一阵子。但大家在此时已经心里清楚，公司一定要搬了。

搬家事情虽小，但却关系到东呈在中国酒店行业的历史地位。从前，他们是趴下干活的实践者，但现在，他们将要成为开创未来的梦想家。对于办过企业的人而言，有没有梦想在一开始似乎并不能直接决定结果，可是当企业发展到某些关键时刻，不仅是有没有梦想变得事关成败，甚至在哪里筑梦都成了举足轻重的事情。

程新华不希望公司只是换个城市办公，他希望看到的是实实在在的变化。这些变化尽管还不是很清晰，但粗略的轮廓早就在他脑海中成型：人员结构、治理方式、薪酬体系、战略方向、终极使命……关乎公司未来的方方面面，也是关系到程新华今后工作的所有细节，都会随之而变。

他以前的目标很实在，甚至可以用具体的数字来表达，比如开100家店。显而易见，这样的目标已经不足以让他充满激情。正如此刻中国广大的中小企业所遇到的那种境况，要么小富即安过一些清闲日子，要么对于外界的变化充耳不闻直至公司日暮西山。这两种结果都不是他想要的。

和他的战略从实战中逐步生长的轨迹类似，他的梦想也从一颗幼小的种子渐渐开始发芽，假以时日将羽翼丰满。在这天来临之前，他需要做好一切准备。

首先要想清楚的就是那个曾经困扰过无数企业的问题——区域性与全国性乃至全球性的公司，其核心机构的选址究竟意味着什么？换而言之，如果广州之于东呈有一些其他地方不可比拟之处，那究竟是什么？

程新华有一个朴素的想法，他认为广州是一座真正的大城市。可这毕竟无法全面回答如上问题。后来他总结，广州至少有三个吸引力是当时的东呈无法忽视的。

第一，良好的地理区位。广州是珠三角地区的核心城市之一，作为广东省的省会，前人的选择自然有其缘由。若一家于华南起家的企业希望对更大的局面拥有辐射效应与资源调配的便利性，广州势必会优先进入视线。

第二，悠久的商业传统。广州在历史上就拥有深厚的从商传统，并且由于其口岸身份，因此商业范畴不仅局限于国内，更面向海外。这里的人才也因此既传统，又开放。说得直白一点，这里有更多的可以帮助程新华开拓事业的人。

第三，现实的竞争考量。程新华在2013年带着核心团队前来广州之际，此地的经济型连锁酒店相对而言不像其他几个超一线城市那样拥挤，正如2010年发表在《今日南国》杂志中一篇文章所分析的："广州经济型酒店的行业进入壁垒较低，尤其在资金方面无法构成行业进入壁垒。"程新华不是那种热衷于刀光剑影的拼杀者，更希望自己有更多的空间专注于产品本身的打磨。与此同时，广州在连锁酒店所需的城市服务环境方面相对而言更加完善，如广告、会展、供应链制造企业等。

这种思考尽管还带着粗线条式的感性认知，却恰恰与"经济学人智库（EIU）"在2002年对1100家来自北美、欧洲和日本的跨国公司总部选址进行的调查报告不谋而合。在这份报告中，提到的三个影响跨国公司总部选址的要素分别是"区位条件""人力资源""现代服务业集聚水平"。

大家在理念上认同了搬家，可是一下车到了广州又感到举目无亲。很多同事早在南宁安家落户，这时只身来到千里之外，看着夜色中车水马龙的繁华景象，想着远方爱人孩子此时也许刚刚吃过晚饭，难免百般滋味涌上心头。

可是既然决定跟着大部队出来打天下，这点苦就得咽下去。在广州的住处挨过这一夜，第二天大家就从最基础的打扫办公室做起，把灰尘一点点扫去，也把身心一点点安顿下来。

今天去问那些亲历者，当初为什么愿意与至亲分隔两地跟着东呈来到异地开始第二次创业，得到的答案或许千差万别，但总有一些共同的东西无法回避——在过去，大家是脚踏实地的实践者，到如今，大家必须用一个新的梦想来激励这场轰轰烈烈的大迁徙。

程新华无法用抽象的概念让大家为之心动，只能用最具体的形象来表达他的愿望。他的这个具体的形象就是：如果100家城市便捷足以让大家看到东呈的信心，那么200家、500家、1000家由东呈管理的酒店会让大家看到某种信念。而且，实现这些目标的时间会越来越短。

除了用具体的数字去鼓舞大家，程新华的个人经历也让人们相信，人生中的那些大到可以改变命运的机会屈指可数，错过了，无可挽回。

这些让人兴奋的数字背后的信念，他此时还没有明说，要再等几年，等那些数字逐一变为现实才全盘托出。到那时，大家会更加深信不疑。在此之前，这些人要做的则是全身心投入新的战斗，亲眼见证一段改变历史的历史。

高手过招

初到广州的一次大会上，程新华对大家说，我们要在接下来的三年内至少再开200家店，到时候在座的各位都是总经理。这话虽有一些调侃的意味，却让大家感到既开心又激动。

事实上这句话包含着更深层的考虑。以前程新华更在意酒店产品本身，而对开店的速度与规模化发展并不急于求成。从2013年开始，当他和同事们站在了更高的平台上，看见的却是全然不同的竞争环境，速度与规模化也成了这次大迁徙的主要课题。

在这一年，城市便捷酒店的经营思想开始由“不谈战略，趴下干活”转变为“连锁酒店不相信原地踏步”，因为固守一时一地不仅会丧失进入新市场的机会，也会让公司从广西到广东的搬迁变得毫无意义。这种转变还源自于程新华对企业发展路径的一个判断——中国企业有一条大体上相同的发展线路，从学习到融会贯通，最终自主创新，而这种创新又往往基于中国这个大市场先天的规模优势。事实证明，这个判断随着东呈的加速发展而日益清晰，并在几年后形成了一种被程新华最终确认的未来方向。

外部原因则离不开当时的市场风云，2013年前后，行业内知名酒店品牌正在连横合纵，建立在品牌多样化基础上的规模化是这个年代的主题。

锦江完成对经济型酒店金广快捷100%股权的收购，而前者麾下的锦江之星则在随后全面整合金广快捷；汉庭酒店集团（后来的华住酒店集团）则从携程手中收购了中档酒店品牌星程，使其酒店数量增加了110家；如家酒店集团耗资940万美元收购e家快捷，并将其整合成如家快捷酒店，让如家在安徽地区的门店数一下达到了45家。

一位旅游行业的专家在2012年曾判断说："旅游消费已经进入了寻常百姓的日常生活，有了稳定增长的市场，资本自然就会到来的。"有人说："资本市场青睐特色品牌，行业并购旨在扩大势力范围。"还有人说得更加透彻："资本密集型的酒店行业扩张需要大笔持续的资金支持……标准化一统天下的时代已经过去，多元化、多样化、个性化、特色化是必然趋势。"

程新华在这样的市场背景下如何与高手过招成了决定东呈未来几年的生死命脉。他做了两件事，尝试着用尽全力来应对这个悬而未决的难题。

第一件事是着手开展系统化的特许经营业务。第二件事是通过一种在中国商业史上非常罕见的"经营权质押借款"的方式获得了至关重要且符合东呈需求的发展资金。

其实早在几年前东呈就在广西河池尝试过特许经营，只不过当时大家还没有深入研究过这种经营模式，只是笼统地认为城市便捷这块招牌已经有了一定的市场认可度，而这种认可度意味着商业上的回报。

真正的特许经营不仅能带来商业回报，更重要的是规模化的市场回报。到了2013年，程新华决定在规模上发力时，他已经想清楚了这个问题。而此时的城市便捷，也在品牌价值输出方面积累了足够的经验，是时候去市场上进行验证了。

一支特许经营队伍被独立组建起来，沿着预先划定好的区域像撒网一样被空投到市场上，程新华等待着他们的消息。也许是好消息，也许是坏消息。

刚开始传回来的却是一些让人哭笑不得的消息。比如有的加盟商同意合作，但一听说要收取费用又有些犹豫，甚至反问：不是应该你们给我费用吗？因为你们的品牌都挂在了我的房子上面，不是给你们做了广告吗？

这种窘境持续不多久，慢慢地开始出现转机。很多加盟商对城市便捷并非一无所知，而是有过入住体验，他们知道这个品牌意味着不同于一般经济型酒店的品质。对于那些对产品品质有追求的加盟商来说，城市便捷是那种梦寐以求的机会；而对于那些更关注经济收益的加盟商，城市便捷也有更稳定、更专业的赢利方式。

无论是哪种加盟商，在这一阶段都对东呈的产品本身表现出了强烈的认同。当时负责产品设计的同事，做的最多的事情就是给加盟商反复讲解城市便捷的产品，比如现在我们看到的半开放式卫生间，就是在当时的市场实战中诞生的灵感。这种以玻璃代替整面墙体的设计方式，往往被很多人误以为是为了提升酒店房间的情趣性，实际上是由于经济型酒店限于房间格局，卫生间往往不设窗户，要提高卫生间的采光度，就采用了半开放式的设计。

加盟商对这些产品细节的看重事实上给了东呈独一无二的机会，因为很显然，若以产品论，东呈是以己之长搏人之短。

也是在这一时期，东呈的特许经营业务开始形成了一整套快速高效的签约流程。今天的事业发展部门外出谈判，车上都装着成箱的制式合同，除了合作费用等可变条款之外，其余服务条款都是标准化的。同时，东呈虽然不是金融公司，却有“风险控制中心”，包括知识产权部、诉讼管理部、特许事务部、国际法律事务、投资风险部等机构。

这些“方法论”的诞生基于两个现实原因。第一，早期的事业发展部人员往往为了快速提升签约率私自改动合同条款，虽然签约数量提升，可是同时也让总部陷于数量与质量的两难境地。第二，混乱的局面一旦形成，程新华或将对他的经营风格失去控制，东呈也将有可能从一家高品质酒店管理公司沦为一家为了规模而丢掉风格的平庸企业，他必须控制这种风险。而他需要的人是那种既具备总部的纪律性，又能像一个很会打仗的“野心”将领一样热爱战斗的人。这就是整套方法论的价值所在。

这些方法论，正是在特许经营事业正式开始之后逐渐总结改进得来的，也是东呈在市场开拓方面最无可替代的作战手册。

基于这样的作战手册，城市便捷的酒店数量得以在2013年实现了翻倍增长，全年签约接近100家店，到年底的时候，直营店和加盟店总数已将近300家。更难得的是，数量增长的同时也最大限度地保持了城市便捷酒店的一贯品质。

随着城市便捷酒店品牌影响力的不断扩大，金融机构也开始关注这一拥有良好现金流的品牌连锁酒店。2011年年初，桂林的城市便捷北极广场店（加盟店）在筹建过程中遭遇资金短缺问题，酒店的财务负责人找到了当地的金融机构咨询是否可以拿酒店经营权进行融资，经过几轮的沟通，最终确定了以酒店经营权进行质押、酒店股东作为担保人的融资方案，顺利获得了所需资金。

这种模式之所以罕见，是因为中国社会在当时远未建立全面的社会信用评级体系，因此金融机构需要实体资产作为抵押物。城市便捷酒店经营权并非实体资产，但因为其良好的现金流和健康的财务表现，金融机构认可其资产价值。

但这还不是故事的全部。2013年下半年，一位负责金融业务的同事想到了一个看似笨拙实则巧妙的办法。他将一份介绍东呈最新动态的企业报分别寄给了桂林银行的一些分行、支行行长，巧的是，那天银行正好召开内部会议，到了会场，与会者都拿着一份东呈的企业报。大家聊了起来，发现这家企业管理的城市便捷酒店营收状况良好，而且目前正处于规模化发展的关键时刻。最重要的是，这家企业的注册地是广西南宁。在金融界，银行信贷有一个很明显的特征就是“属地倾向”，银行更愿意支持本地成长起来的企业。

会后，这位同事接到了桂林银行打来的电话，双方约定次日见面详谈。连夜从广东赶到广西之后，第二天的会面中这位同事将东呈当时每月现金流与预期现金流等关键数据一一讲解，双方一拍即合，东呈就此获得了5000万元授信额度。

这笔钱是程新华当时获得的最大一笔外部资金，他的事业看上去真的要腾飞了。此时大家回想起年初的那些豪言壮语，忽然意识到，也许那不仅仅是一句玩笑话。

内部大PK

2013年开始，程新华逐渐意识到一个问题：他不能凡事都自己拿主意了，因为公司的状态发生了变化。有些事情他知道确切答案，比如公司发展的节奏与方向；但有些事情他也会产生选择困难，比如一些具体而专业化的装修方案、设计方案。

此情此景，他需要借助团队的力量，尤其是面对具体问题的时候。一种被戏称为“PK文化”的管理方法开始更多地应用在公司内部。

有时候负责不同板块的同事向他汇报工作，希望获得最终决策。这时程新华就会采取PK的方式：我也不是这领域的专家，你们俩各抒己见。

客观上，这种方式对当时公司的内部竞争与流程规范化起到了重要作用。尤其是在部门的职责权限划分方面，随着PK文化的发展，逐渐理清了大家的管理范围。

这是容易理解的，在一家企业中，通常创始人拥有最终决策权。但这种权力应该具有边界，否则创始人不堪重负，各部门也会受到过多掣肘。如何有效划清管理边界是中国民营企业历来的难题。

通过PK文化，导致的初步结果就是大家逐渐意识到：“以后这方面的事情你来负责，因为你说的更有道理，事实也证明你更专业。”

有的人不喜欢PK，可是在日常的工作沟通中，团队一团和气，意味着对工作的妥协，对同事的妥协，对市场竞争的妥协。这样的文化是缺乏活力的，会导致团队丧失斗志，甚至不再去追求更高的目标。

这种交锋的激烈程度在东呈的内部会议纪要中可见一斑。在一份会议纪要中，名为“存在的问题及解决策略思考”一栏中明确列出一项“青苗生培训无法落地”，但在下一页的高管发言中，又有一项写明“青苗计划成果显著，培训力度需继续加大”。有的人问“如何判定品牌部门的决定是正确的”，马上就有人回应“品牌价值应从消费者端检验”；有人说“开发全员企业文化建设不够”“事业发展缺乏过程管理”，又有人说“开发问题不能单从内部找问题，妄自菲薄”……

显然，PK的内涵是丰富且具有生命力的。即便只是一份冷冰冰的会议纪要，也包含着满满的信息。可是作为一种文化，就像河流一样会对土壤进行冲刷。PK文化的副作用就是两个字“不服”。

无论是部门之间，还是同事之间，PK给了大家成为挑战者的机会。如果一个部门的工作让大家感到不可理解，或曰不服，就会有人出来挑战。做运营的会被做行政的PK，做事业开发的会被做品牌的PK，做品牌的可能会被所有人PK。

程新华或许没有预想到这样的结果，可是在2013年，他需要这种充满热情甚至充满火药味的PK。那是变化的时刻，不同思想的碰撞会让公司的机体在摇摆中找到折中的路线，并且由此获得更强的抵御风雨的能力。

随着时间推移，这种PK文化逐渐从具体事务蔓延至宏观决策，其中最典型的当属一年一度的公司战略会议。用一位同事的话来形容，“会场如战场，大家都是带着弹药坐到会议桌前的”。

这样的场合也许不是所有人都喜欢，但程新华乐在其中。他的商业历程本身就充满了PK的意味：教师公职与下海经商之间PK，通信行业与服务行业之间PK，城市便捷与其他经济型酒店产品的PK……这些PK的本质是对比与尝试，也是学习与超越。

他是一个热爱学习、喜欢接受新事物的人。而且这种充满活力的思维碰撞也往往能在实践层面给他提供意料之外的成果。也许辩论和演讲从来都不能直接解决问题，却可以为最终的选择提供足够丰富的理由。同样，PK的真谛也不在于说服他人，而是证明自己的想法。所以，PK的结果往往不是二选其一，更有可能是双双获选。

时至今日，东呈的很多产品风格、品牌类型、管理模式都或多或少经历过内部的PK。有一些风格类似但实际上各有所指的产品被称作“兄弟产品”，正是因为二者之间不仅是竞争关系，更是一种互相证明自身价值的结果。

一年签下209家新店

有了上一年的铺垫，2014年的东呈迎来了公司历史上第一次爆发式增长。程新华如今还清楚地记得当年签约的店铺数字：209家。这既是经过系统梳理之后加盟模式的威力显现，也是因为公司在广州引进了更多的高水平专业人才。

回顾这一年，公司仿佛一整年都在被各种各样的数字刷新纪录，这确实是一个与“数量”密不可分的年头。

感受最强烈的自然是公司各种运营成本的飙升。以前公司的摊子小，人员出差范围也小，现在沿着京广线沿路都开始渗透，人员出差就是一笔令人咂舌的费用；新引进的人才是行业里有一定资历的人，薪酬也是一道极具冲击力的关卡。举个例子，以前东呈的高管每年的基本工资能达到10万元已经非常不错了，可是到了广州，一个专业的分管市场开发的高管年薪至少是这个数字的三倍以上。

程新华刚开始也犯嘀咕，他此前从未经历过这样的变化。以前在广西，他对于店铺的数量和人员的薪酬很少过问。此时则大不相同，城市的气质不一样，他追求的东西也不一样。思来想去，还是那句话，如果只是换个地方办公，那还不如按兵不动。既然事已至此，面对新的变化就不能视而不见。他不是那种固执己见的人，相反，对于变化，他似乎开始有了一种异乎寻常的渴望。

负责市场开发的员工在这一年拿了最多的报酬，当然，他们也做出了与之匹配的成就。事实上，所有来到广州的员工都迎来了薪酬的普涨，涨幅大约是1.5倍。

这一年最忙的人，正是在市场一线带兵打仗的这些人。他们笑称“这是最折磨人的岗位”“开发一天，人间一年，人老得快”。凡是做过市场开发的人都对此深有体会。举个例子，如果一年计划签约数量120

家，则每个月平均要签约10家，单看数字并不吓人，可是有的月份会赶上国家法定长假，比如春节、国庆节等，别人都休假了，开发人员依旧雷打不动地背着“这个月要完成10家酒店签约”的任务量；而且每年的计划完成后，立刻清零，从头制订新的计划。从这个角度而言，焦虑很难避免。

即便如此，签约还只是第一步，店铺从签约到设计、装修，再到开业运营，更难的事情还在后面的步骤上。店铺数量的爆发式增长固然可喜，但如果店铺运营不成功，这增长就白费了。

比如有的加盟商就喜欢拉着店长开会，一开就是一上午，店长被“折磨”得痛苦不堪，酒店的日常管理工作大受影响，可是店长有苦难言。加盟商和东呈是合作关系，并不能被来自公司的行政指令管理，店长却是东呈派出的管理者，不仅要负责新店的管理，还背负着店铺业绩的增长任务。

这些问题是每一个爆发增长的企业都会面临的。行业里有句俗话，10家店靠人力，100家店靠系统。东呈仅2014年就新开了209家店，可公司内的管理系统却远未达到成熟可靠的地步。

幸运的是，此时程新华还没有贸然实施多品牌战略，而是比市场慢了半步，依旧在沿用城市便捷这一个品牌。这样做当然有“系统还未成熟”的原因，但更大的原因还是在于自身。

城市便捷虽然符合“一个产品打天下”的逻辑，但其产品又与常人所知的“经济型酒店”截然不同。

经济型酒店追求的核心概念是“效率”，高端酒店追求的是“格调”，中端酒店则是“效率×格调”。然而东呈又是一个例外，程新华在开办第一家城市便捷的时候就将其定位为“高端经济型酒店”，事实上就是入门级的中端酒店。以酒店大堂为例，真正的经济型酒店大堂面积不会超过30平方米，可是城市便捷的大堂面积通常都大于这个数字，却又刻意保持“只大一点”，白云山店的大堂原本有近200平方米，为了保持这个“高端经济型”的特质，特意将大堂切出一块租给了别的商户。

由此可见，城市便捷虽然号称经济型酒店，实际上有中端酒店的影子。所以当经济型酒店度过了一个产品打天下的时代而增长乏力之际，城市便捷却迎来了真正的好时代——消费升级带来了中端酒店时代。

除了产品不同，运营这些产品的人也不同。现在行业内有个共识：东呈的店长如果跳槽，可以免培训直接上岗。这就是对东呈人的一种市场认可，一方面他们经受了高于市场标准的专业培训，另一方面他们都有一种既热血又坚韧的工作精神。

一位女店长回忆起自己刚升任店长时的经历，用常规的开会、宣讲等方式并不能让员工信服，她只能以身作则。虽然店长不必每天在前台接待，可是她坚持每天亲自接待几批客人，目的是让前台工作人员心服口服；还有一些人际难题无法处理，她就默默流下两行清泪，别人一看此情此景心中便有了愧疚，后来她笑着说这是“以泪服人”。

另一位店长说他在城市便捷最大的收获是掌握了如何用数据管理一家店。每天晚上下班后复盘，各种经营数据分门别类，这些看似无聊的数据其实代表的是一家酒店的生命指标。在加入东呈之前，他也曾在别的品牌酒店任职，却从来没接触过这样的方法。

这种产品层面及运营人员层面上与行业规范的本质区别让程新华的“慢半步”有了合理性，也让后来的“快一步”具有了坚实基础。

在新店爆发式增长的同时，程新华更进一步。他在2014年年底发布了两个中端酒店品牌——宜尚、怡程，正式拉开了由高端经济型酒店进军中端酒店的大幕。

这一步依旧比对手们晚了一些，华住酒店集团在2010年推出了中档品牌全季，2012年推出中高档品牌——禧玥；2013年7天退市更名为铂涛后，推出了四个中档品牌：麗枫、潮漫、喆·啡、希岸，都是典型的中端酒店品牌。但程新华没有因为“慢”而焦虑，反倒是更有信心了。也就是从这时候开始，他有了一个明确的提法：“慢半步，快一步。”

他的信心并非孤芳自赏，而是建立在城市便捷酒店这个“王牌”的基础之上的。

标准酒店与非标准酒店

在酒店数量爆发增长的同时，品牌特许经营业务的范围也开始扩大。从单一的城市便捷品牌的加盟，发展到一些衍生品牌的加盟。这里面有两个原因，第一，衍生品牌加盟店的现实条件达不到城市便捷的酒店标准；第二，东呈的规模化增长需要尽可能多地吸收现有的酒店物业，进而占有细分酒店市场。

如何在数量与质量之间求得平衡？这就是东呈将旗下酒店分为标准店铺与非标店铺两大阵营的原因。

标准包括两个层面：第一是行业标准，第二是东呈的标准。

非标准也包括两个层面：第一是不完全符合行业标准，不能简单定义其属于哪一类酒店的产品，比如东呈的非标酒店品牌——隐沫；第二是不符合东呈的标准，但会尽量贴近这套标准，比如东呈旗下的柏曼、精途。

标准品牌与非标品牌的区别显而易见，非标品牌在产品形态上与东呈原创的品牌酒店属于截然不同的类型。它们在门头配色、房间格局、家具配置、装修标准、服务项目等方面大相径庭。

相同点则在于，这些品牌既要求比同类产品好一点的品质，又共同塑造了东呈的规模化之路。

以隐沫品牌为例，尽管可将其划分入度假酒店这一大类型之内，却又存在大量“非标准化”的东西。

如果说城市便捷追求的是效率与格调的结合，隐沫追求的则是与众不同的综合体验，其定位也是行业内还鲜有成功案例的“田园综合体”。

田园综合体是房地产概念，但由于地产开发商没有足够的酒店管理资源，且获利方式也大多离不开政策补贴，因此产品形态往往与人们预期的产品相去甚远。东呈希望将隐沫打造成一种非标准化的田园综合体，目的是开创一种全新的用户体验式产品。

程新华对于这一产品进行过很多设想，包括打造网红景点比如“无边泳池”，但实际操作中很快发现了问题——通常的无边泳池面积过大，维护费用过高，且受到气候的严重影响。实操过程中的无边泳池产品必须在设计上进行改良，大家发现所谓的网红景点，其本质是“实用性”，小面积的泳池，漂亮的灯光，搭配精致的景色，用户既可以游泳又能拍照，就达到了网红景点的诉求。

这只是“非标准化”在实施过程中的一个很小的细节，却映射出此类产品对于品牌运营方的极大挑战。

酒店为什么一定要规模化

2013年和2014年连续两年的初步成功证明程新华当初的判断是正确

的，更让他感到兴奋的是对于规模化与连锁经营有了全新的认识。这种认识不仅是此前将近10年的摸索与积累的结果，也将成为公司此后诸多沉浮的开端。

对于酒店而言，建立在标准化基础上的规模化，其好处是显而易见的。以万豪为例，他们不用在每次开店时都重复投入广告做品牌推广，因为他们的标准早已深入人心。然而标准化知易行难，稍微不注意就可能面临成本黑洞。有一次，小比尔·马里奥特发现这样一个情况：用来冷藏饮品的冰桶会经常被顾客带走，而在住宿费只有9美元的当时，冰桶的制造成本是1美元，为了堵住成本黑洞，万豪酒店不得不用永久固定的金属桶代替塑料冰桶。

在经历和总结了无数经验教训后，万豪终于掌握了酒店规模化的诀窍，那就是将规模化建立在大量细致入微又高人一筹的标准化之上，同时尽量减轻企业本身的负担。企业随即开始迅速扩大规模，事实上万豪大多数情况下并不拥有酒店所有权，在建设完酒店后，万豪将所有权卖给投资者再签订酒店运营合同，资金不用沉淀在房地产上，这样无疑让万豪的扩张规模快了许多。

尽管好处显而易见，但在中国商业界，选择什么样的时间节点开始规模化发力却大有讲究。

2013年和2014年恰好是这样一个节点——2013年中央“八项规

定”“六项禁止”等出台后，高端酒店业纷纷开始重新梳理市场，调整经营方向；2014年高端酒店业经营指标业绩处于下行状态，收入、利润持续走低。经济型酒店也出现增长乏力的状况，不过与高端酒店受客群流失影响不同，经济型酒店是由于客群消费升级所致，人们希望在旅途中入住品质更高的酒店。

城市便捷这样的“入门级中端酒店”恰好符合这样的市场需求，程新华无论在经营方法论还是资金筹措等方面都有了应对之策，此时选择规模化发展，可谓正当其时。

规模化的目的在他看来至少有三个层面：第一，利润在规模化效应之下会大幅增长；第二，品牌价值会更加深入人心；第三，在中端酒店大爆发的背景下，东呈的规模化不仅符合商业规律，而且势在必行。

在程新华的内心深处，规模化的逻辑并不仅限于商业回报的倍增，而是在于其较高的市场与客群心智占有率，这样的占有率更便于在某个特定阶段推行变革型的商业模式。

如果说规模化是底层逻辑，则连锁经营就是具体的方法论。

中国本土连锁酒店的历史开端公认为1997年上海锦江集团创立了锦江之星经济型连锁酒店。此后2002年如家创办，2005年7天创办，同年汉庭创办……连锁模式成为经济型酒店规模化经营的通用法则。

连锁经营的成败并不取决于这种模式本身的定义，而是取决于经营者的实战操作。这其中的奥秘，又因为经营者的性格与商业背景而各不相同。

程新华常说一句话："店开得越多，并不意味着人要越多。如果人越多，那从商业角度而言一定是越亏。"他对连锁经营的认识正在于此：将少量的资源进行大量的高效复制，而非同类叠加。这是一种"经济型"商业思维，其另一个潜台词则是：模式越简单，复制的价值越大。

城市便捷的规模化扩张正是基于这样的连锁经营策略——前端的标准化、简单化是比产品本身的标准化更加影响深远的事情。这也是东呈推行诸如"两万字标准加盟合同文本"这样的服务的深层原因。在程新华的筹划中，前端的标准化影响的不只是当前业务的规范化，更影响着未来企业管理的秩序化、信息化、财务健康化。

从经营理念角度出发，经济型酒店是相对于中高档酒店而言的，其提供的服务是有限服务。采用连锁经营模式，追求简单化，很多人很容易误以为只是一种模式的生搬硬套，却没有意识到其实意味着这种有限服务的无限延伸。

程新华曾经思考过这样一个问题：为什么今天的星级酒店会将咖啡当作一种流行的配置？因为人们认可这样的配置，在消费者的心目中，星级酒店的服务体系这种"舶来品"理应搭配咖啡。可事实上，咖啡也是经过漫长而规模化的推广才成为西式酒店服务的标配。如果把咖啡换成茶，把西式甜点换成中式点心，把西式服务体系换成一种东方风格的服务体系，又会发生什么呢？他和东呈能为这种想象中的风格做点什么呢？

建立在标准化之上的规模化，就是这种想象的根基。

第三章

大道沧桑：起点决定终点

前世界银行行长罗伯特·佐利克说过一句话："中国的变化不仅改变了中国，也改变了世界。"这话看似恭维，背后却有着复杂的现实。中国是一个庞大的发展中国家，一点点小变化也足以改变历史的进程，更何况在过去的40年里，中国在经济领域发生了如此巨大的变化。

在40年的发展过后，人们日益相信经济繁荣背后存在着某种永恒的文化价值，而在这场风云浩荡的经济变革中，胜利者也更相信驱使他们胜利的正是这种价值。

梦想一定要有

程新华从不讳言他的家国情怀，这既是一种情感上的选择，也暗合中国民营企业的利益指向。

所谓家国情怀，并非一味地鼓吹民族强大，而是执着地认定一个过程：国家的强大与民族经济的强盛，是全社会的合力所致，民营企业在这个过程中势必会扮演一种承上启下的关键角色。很多企业在发展初期或许感受不到这样的氛围，但是20世纪90年代程新华在深圳目睹了这个过程。

华为、联想等企业从那个年代一路发展至今的过程，让他深刻地意识到中国企业的崛起背后有一条可为后人借鉴的规律：业务层面以学习与合作切入，再根据市场变化加以内化，持续创新到某一阶段，随着商业层面的成功与国家强大的势能，最终输出一种足以改变世界的文化价值。

这批企业，无一不是强调某种充满穿透力的企业价值——华为的任正非说："高科技企业以往的成功，往往是失败之母，在这瞬息万变的信息社会，唯有惶者才能生存。"华为的价值就是这种时不我待的危机感。苏宁的张近东说："零售业是民族制造业进入世界的咽喉，而把握渠道的主动权才能够把握市场的主动权，如果这个渠道丢掉了，命运势必会掌握在别人手上。"苏宁的价值是一种与生俱来的零售渠道意识。联想的柳传志说："要有理想，但是不要理想化。"联想的价值就是在理想与务实之间不断寻求成功的方法。吉利的李书福说："请给我一次失败的机会。"吉利的价值就是勇于试错、永远挑战。美的的何享健说："美的发展，20世纪

60年代靠北滘人，70年代靠顺德人，80年代靠广东人，90年代靠全国人，现在要靠全世界的人才。”美的的价值就是对人的重视……

这些伴随改革开放不断崛起的中国民营企业和它们所珍视的企业价值，确实体现了某种与国家势能无法分割的精神动力。这种动力深深地影响了程新华此后的人生，也影响了东呈在过去12年的根本价值。

程新华说他希望通过自己的企业为国家、为民族做一点事情。这种意识在城市便捷诞生的第一天就已经存在，正如他曾在不起眼的小市场上打造出一个影响深远的大王牌一样，他也从未因为企业过于弱小就放弃内心深处的大梦想。

正因为起步时的梦想一直在暗中起作用，才造就了一系列看上去不可思议的东呈细节。

“再多一点”，正是这种梦想的现实投影。它既是一种战术，也是一种战略。为什么要让酒店大堂比通常的经济型酒店大一点？因为那会超出人们的预期，让人们相信这家酒店有着比经济型酒店更大的雄心。为什么要让灯光更加明亮？因为那会让人们感受到不那么“经济”的选择。为什么酒店的走廊中要放置香薰设备，其中的香薰材料还要反复挑选而非敷衍了事？因为住客能体会到某种高档感。为什么服务人员见到客人无论认不认识都要礼貌地打招呼？因为这是经济型酒店中并不常见的隐形服务。为什么城市便捷的早餐种类更加丰富且味道不错？因为人们通常认为，只在中档酒店才会配置合格的早餐……

这些细节不是程新华在某一天突发奇想出来的，而是从第一天开始就努力去追求的。那背后是关于成本与效益、理想与现实、品质与规模等问题的反复博弈，但他最终找到了行之有效的办法，并成功地把自己心目中最好的产品呈现给市场。

东呈在2013年开始连续两年高速发展，一方面是得益于加盟模式，另一方面是赶上了消费升级趋势，但这两方面原因归根结底都是其酒店产品本身具有市场说服力。这种说服力正来自“再多一点”的产品理念，此时，它已经成为东呈深入人心的文化符号。而超出预期，理应成为所有服务供应者的毕生所求。

这些年程新华在欧美出差时发现当地的很多中餐馆并非传说中的“四不像”，而是非常地道的中国味道。他认为其中的原因在于“民族更为优秀的文化，通过实体走出世界，一定会这样”。文化的说服力来自产品的基因，产品的基因来自制造产品的人心与其所在国家的影响力。

美式快餐风靡世界，源于美国的世界影响力，麦当劳和可口可乐正是这种影响力的载体。倘若东呈这个公司可以成为某种优秀文化的载体，最终改变世界酒店服务行业，将不仅是东呈的成就，更是整个国家与时代的使命。

到了2014年，程新华希望东呈能真切地把握住这样的方向。

酒店的投资价值

东呈的所有成功，如果在精神层面依赖于程新华对于家国情怀与文化价值的追发，在经济基础层面则离不开一个本质：他们经营的酒店是赚钱的。

2006年，城市便捷刚创立的时候，大部分是直营店。让直营店赚钱，程新华有的是办法。可是到了2014年，每年要签下超过200家加盟店，如何确保这些加盟店也赚钱，就成了一个不那么简单的问题。

因为与直营店比起来，加盟店的数量更多，受控程度更弱，中间环节更多，现实情况也更加复杂。在快速复制的规模化之路上，程新华和他的同僚们只能将希望寄托在规范化的管理流程与运营系统上。毕竟，其他酒店超过100家就要严重依赖系统了，而他们的系统还远未成熟。

不过，他们有可以依赖的另一个因素，那就是人。在一位资深的东呈店长眼中，如何“发展”一家赚钱的酒店呢？

如果说技术层面的操作是后置条件，则“选址与客流量”就是前置条件。正如前文提到程新华摸索出来的那套方法：在目标物业附近24小时轮班值守的目的只有一个，搞清楚街巷人流，估算出一个数据，再决定这一物业是否符合选址标准。如今东呈的市场发展技术当然远比这一办法复杂精确，但原理从未改变，选址与客流量决定了后面的一切。

确定选址与客流量这一数据基础之后，接下来就是具体的“酒店发展”技术手段了。

首先是详细全面的沟通。其中包括与施工方沟通、与业主沟通两大块。与施工方沟通的目的是为了全面了解酒店的硬件参数，比如改造后的酒店所拥有的客房间数，其中大床房、双床房、家庭房、套房各占多少；酒店门前有无免费停车场，可停放汽车多少辆。此外就是摸清酒店的装修情况，尤其是隐蔽工程，如水电走线情况、天花板吊顶等，店长虽然不是专业的工程人员，但经济型酒店的店长最基本的素质是“一专多能”，凡是与酒店相关的工作，必须心中有数。

东呈也在店长的专业化方面进行了大量的优化工作，比如店长来到一家新店后，为了尽快、全面了解店铺硬件情况，除了依靠店长自己的专业素养，还有外部工具，这就是“新店筹建包”——这是专门帮助店长进行标准化介入新店的一套标准，店长按照这套标准，可以最大限度地精确把控店铺的全面情况。

与业主的沟通则是为其后的经营奠定基础。业主拥有酒店的所有权或经营权，东呈作为管理方，输出的是酒店管理价值，帮助业主实现投资增值。在这样的合作逻辑下，业主本身对于管理方式的认同与配合就显得至关重要，而店长是与业主接触最频繁的代表，因此店长与业主的沟通可以视作东呈与业主在市场一线的沟通。

如果沟通做得不到位，店长没有及时了解业主的性格、心态，将为后续经营埋下矛盾的种子，严重时会导致“退货”，即业主要求更换店长。

前期的沟通完成之后，店长就要着手进行新店的人员组建了。通常，一家新店需要的人员构成是这样的：店长1人，店长助理1人，前厅经理1人，库房经理1人，客房主管1人，保安部1—2人，工程维修部1—2人，厨房2—3人，保洁人员1—2人；共计10—14人。

除了店长和店长助理由总部委派，其余人员需要现场招聘。人员配备完成之后，进行物资采购。住客们入住酒店之后接触到的客房用品，比如床单布草、电视电话等可移动物资，都是在这一阶段完成的。

物资采购也有标准，东呈将每个店需要的物资分为一类、二类、三类。其中，一类物资只能通过总部的供应链平台集中采购，比如床单布草、牙膏牙刷，这是一家酒店的基本命脉，容不得标准之外的其余之选。二类物资可视实际情况进行购买，既可以通过供应链采购，也可以自行采购，比如垃圾桶。三类物资没有限制，通常是客户不直接接触的内部办公用品。

物资采购完成下单之后，店长还有三项工作要做，一是催促业主支付采购款；二是培训人员；三是组织大家进行新店开荒，将店铺内外的环境整治清理妥当，等待正式开业。

人员培训分为两个步骤，第一步是店内培训，由店长或者总部的培训师对人员进行常规培训；第二步是组织人员去东呈旗下的在营店铺中实习。等到新店正式开业时，所有人员全部召回，整装待发。

在开业之前，总部还有专人前来验收，公司内称为“质检”。质检人拿着质检清单逐一对照，全部合格之后正式开业。这份质检清单，总计项目有数百条，常人看来宛如天书，可是其中的每一条款都是从实践中归纳出来的，是确保新店尽快步入正轨的指导手册。

一位店长笑称，一家通过了质检清单考验的新店不一定能赚钱，但是通不过的新店，一定不赚钱。

正式开业之后的酒店又分为三个阶段，即筹备期、爬坡期、运营期。筹备期通常持续一个月，在此阶段新店的信息不会出现在东呈的官方网站系统中；爬坡期是指经营业绩持续爬坡，通常持续三个月；运营期是指新店要正式纳入公司的经营指标系统中，背负一定的业绩指标了。

业绩指标如何制定呢？按照公司系统内的酒店业绩大数据，结合店铺所在地的消费水平综合制定。一家拥有100个房间的酒店，进入运营期之后，初期的月度营业额预算约为60万元。

店长的价值就体现为能否顺利完成业绩预算。对于一家新店来说，从底层标准到运营守则，都是相差无几的，关键在于筹备期与爬坡期的营销手段是否符合市场情况。

一个资深的店长相当于一位精明的商人，不仅对于东呈的运营标准深谙于心，同时要对市场营销手段灵活运用。

新店营销在线下市场中有一个基本守则——就近营销。因为一家酒店的住客首先考虑的问题一定是距离，无论商务差旅还是家庭访客都是如此。因此一定要让周边的人知道这家新店的存在，这是成功吸引流量的关键一步。

如何就近营销呢？办法有很多，都是店长们在一线市场上亲自摸索出来的。比如其中有一个案例是这样的，一位店长打印了很多公益广告，带着店员去附近张贴，却发现效果有限。她无意间看到附近有一个快递收发集散地，就大着胆子走进去跟负责人聊，具体的内容是她做一些带有酒店信息的精致便利贴，贴在等待派送的快递包裹上，等于“搭便车”给酒店打了广告。对方同意了，因为对于快递而言，这样的做法并没有什么损失，也不会给他们增加额外工作量。

这个办法取得了很棒的效果，收到快递的人看到包裹上的便利贴，知道附近有这样一家酒店，不经意间给他们形成了印象。不久，这家店的生意就越来越好了。

开一家赚钱的酒店，不是简单的投资回报过程，而是一个多重合力的结果。东呈的加盟模式之所以被市场认可，也不是因为他们在加盟中使用了价格杠杆，而是因为他们确实能创造一些实实在在的价值。这些价值既包括品牌的价值，也包括人的价值。

2015年的困境

成也时局，败也时局。正当程新华为公司取得的战果感到欣慰之际，长久以来担忧的危机也终于来临。

早在2014年年底的战略会上，程新华就将2015年的工作重心转移到事业开发方面，还为此进行了重要的人员调整。他把原先负责公司运营的干部调去管理开发，而将运营团队交给了全新的职业管理人。

按照前两年逐年倍增的速度，原以为经此调整，2015年将会再攀新高，全年计划签约数量就此确定为500家，结果到该年年底只完成了265家，这意味着速度放缓。对于当时的东呈，这样的节奏变化是一个不好的征兆，也意味着战略调整遇到了严重的挫折，程新华一度怀疑自己的判断是否出了问题，可是前两年的增长数据如假包换，那究竟是哪里出现了裂缝？

这个挫折也让程新华开始审视公司的状况是否真的如前两年以为的那样生机勃勃。审视的结果并不乐观，因为内外两方面的原因，共同影响了这一年的发展速度。

就外部环境而言，2015年的中国经济呈现出一个明显的趋势：实体经济领域出现徘徊，而在创新金融领域则催生了令人咂舌的“怪象”。

2015年6月，《“互联网＋”行动指导意见》获通过，标志着这一新兴产业模式正式成为国家行动计划。在经济下行压力加大、新旧增长动能“青黄不接”背景下，推动创业创新被视为增强经济韧性和活力的重要手段，受到官方前所未有的重视。

然而“互联网+”与“双创”的大力推行产生了今日来看喜忧参半的结局，在金融领域，“互联网+金融”模式吸引了无数创业者与消费者的注意，人们开始将银行存款转入各种互联网金融理财平台。

社会资金的流向历来是中国经济发展方向的重要风向标，在过去，这种流向历经贸易、制造业、房地产，如今以看似全新实际上漏洞百出的形式流入了金融领域，一个全民金融的时代看上去繁花似锦，可是背后的问题令人忧心忡忡。

首先是实体经济遭遇了更加严重的资金短缺。有人举了简单的例子，20年前，月薪500元的时候，一个打火机是1元，现在月薪5000元了，一个打火机还是1元。这些制造业老板是不是得泣不成声？

以制造业为代表的实体经济反映的是中国商人群体的共同诉求，税费严重，成本上涨，再加上最艰难的“融资”，当时摆在中国民营企业面前的问题可谓一个比一个严峻。

尤其是中小企业融资难、融资贵，银行不愿意把资金贷给小商户，因为资金成本过高，风险散乱难以控制。可是现实的另一面却是中小企业撑起了中国实体经济的半壁江山，如此一来，实体经济步履维艰也就不足为奇。

2015年，这种危机几乎到了无以复加的地步，中央提出了供给侧改革，提出了新常态，已经说明了问题的严重性。

此情此景连国务院的专家也无法回避，专家说，“我国已经进入工业化中后期，经济结构出现了不同以往的转折性变化，比如钢铁生产出现2000年以来首次负增长；水泥产量出现1990年以来首次负增长；发电量和用电量出现了1978年以来首次零增长；第三产业占比超过50%，服务业首次成为拉动经济增长的第一大产业”。看似乐观之语，却有弦外之音。受到资金短缺的影响，服务行业也受到了不小的冲击。

以东呈的酒店投资为例，这一年尽管也实现了260家以上的新开酒店规模，可是与前一年的206家相比，这种增速不值一提。其中自然离不开投资者资金困难的原因，另外一个原因则是投资者似乎不愿意把有限的资金投入到“慢工出细活”的酒店行业中。

相比起来，人们更青睐理财行业。这一行业借着“互联网+”的风口，形成了巨大的骇人黑洞。

互联网金融被写进“十三五”规划，国家层面陆续出台相关政策支持互联网金融发展，加上各路资本不断入局，商业银行、融资租赁、保理等行业不断深耕，互联网金融市场受到前所未有的追捧与认可，网贷、支付、众筹等互联网金融各领域均进入到前所未有的高速发展阶段。

2015年P2P（点对点网络借贷）行业规模不断扩大，平台数量达到2595家，成交额达到9823.04亿元，同比增长288.57%。与此同时，2015年P2P问题平台达677家。这些平台有的卷款跑路，有的资金链断裂无法兑付，还有的涉嫌非法集资被监管机构依法取缔。

总而言之，这一年是实体经济极度困难的一年，东呈的事业发展受此影响忽然从前两年的翻倍增长陷入了停滞。

内部原因则更加触目惊心，管理战线的庞大与内部系统的混乱让程新华感到震惊，他从来没有陷入如此困境，将军令居然难出营帐，那些曾经被视作珍宝的“PK精神”正演变为一种相互扯皮的庸俗化作风。最要命的是，这种混乱的局面令人一筹莫展。

重新战斗

2015年的战略会开得战战兢兢，因为所有参会人员都知道，这一年的形势实在是太差了。这种负面情绪甚至不仅限于公司高层，实际上整个店长团队、运营管理团队的士气都跌至谷底。

大家回想起两年前刚从南宁来到广州的时候，每个人的心里也都战战兢兢，只不过当时大家是出于对未来的不确定；而现在，大家的担心却建立在一个确定的事实基础上——这份事业遇到了严重的挫折。

程新华事后感慨，创业的过程，从来都没有一帆风顺的时候。他几乎是出于本能地制定了应对之策。他将此前调离运营部门的干部重新调了回来，让他们既管经营又管团队，目的就是通过这些与公司一同成长起来的干部重新将战斗的氛围调回轨道。

这种策略既是出于本能，则会产生直接效应。到了2016年春天结束的时候，公司的经营数据止住了下滑趋势，不过全年来看，波动依旧在继续。

别的酒店集团似乎是超过100家就要设立等级森严的管理系统，程新华却等到超过500家才正式梳理这种管理体系。一方面是因为东呈在过去更加重视酒店产品而轻于市场管理，另一方面则是由于始终缺乏能够帮他管理公司的人。

就在这样的现实条件下，东呈依旧在过去三年内发展出超过500家酒店，实在是一个不小的奇迹。但此时若希望这些酒店形成一种更强大的势能，非系统化管理不可。

也就是在这个时候，公司开始提出“大区治理”，着力塑造更加成熟稳定的管理体系。

组织架构的调整势在必行，以省为单位设立分公司，分公司再联合组成几个大区；在人员管理上，加大力度培养大区负责人，再由大区负责人管理区域经理，区域经理管理门店，公司总部只要抓住大区负责人，就能达到统领全国门店的目的。

与此同时，尽管实体经济不景气，可是东呈却在这一年进行了更加凶猛的薪酬体系大调整。

负责薪酬管理的人员发现很多基层员工的工资水准增长缓慢，难免造成团队活力不够，缺乏激情。与此相应，尽管公司已经在广州发展了两年，可是在高层管理人员的聘用上依旧不够果断，比如以2015年的平均水准，年薪50万元的高管在东呈这种体量的酒店集团中竟屈指可数。

这种现象说明当时的东呈遇到的问题不仅是业务层面的艰涩，更映射出团队思想的保守。

这是情有可原的，这家公司历来比别人“慢半步”，他们不习惯凭空创造一些天马行空的规则。但正是这年，薪酬结构的调整道出了另一个经营理念——“走大路”，既然发展至今，行业中聘用年薪50万元的高管不再稀少，东呈没有理由不向行业看齐。

更重要的是，薪酬的大幅度调整意味着管理目标的重塑——薪酬不是无条件支付的，而是带着一种全新的组织标准。

在一次关键的组织变革投票会上，大家面前摆着三个问题：第一，有没有人对自己的工资收入感到很满意？第二，你是不是认为这个企业做得很牛？第三，你是不是对现在的状态很满意？

所有问题，大家的回答都是否定的，在场十几位核心高管，包括程新华在内，都推心置腹地将以往隐秘不宣的东西拿出来分享，因为局势已经严重到不得不如此。

既然都不满意，那就达成了变革的共识。具体怎么变？组织裂变。大家设计了很多新部门、新事业部，以前一个人管五方面工作，现在把部门细化，一个人只管一项工作。

与此对应，公司在这一年邀请了很多同行资深人员加入，尤其是增加了一些产品业务线、管理线、品牌线。到了2016年年底，公司整体增加了200个部门。不只是数量增加，组织的裂变还就此成为一种动态方式，每隔三个月微调一次。

这样做的原因自然建立在2015年的惨痛教训基础上，市场的变化已经超出了固态管理模式所能应对的极限，公司也正式挤进了人海茫茫的竞争大道，程新华一直渴望的变化，终于在此时实现了。

与万豪握手

“走大路”的后半句是“找对标”，这也是程新华创业至今的核心法则。中国民营企业的崛起离不开一个又一个“对标”企业，正是在追随对标、学习对标的过程中最终实现超越对标。

程新华心目中的对标公司，是如今的世界第一大酒店企业——万豪集团。之所以将万豪作为对标公司，并不只是因为这家公司在行业内排名第一，更重要的原因在于万豪的很多经营理念与东呈存在某种联系。

小比尔·马里奥特在其自传《毫无保留》中描述了万豪集团的这些核心理念，比如以下几条：

“我喜欢绕行大半个地球去巡视酒店。”在东呈开办酒店的这些年里，程新华也保留着这个习惯，每到一个城市，他总会轻衣简从来到东呈的旗下酒店，有时候只是走进去看一看，在角落里听一听，每次也总能发现一些问题。有一次夜里他来到一家城市便捷酒店，发现保安人员裹着大衣在大厅的沙发上睡觉，这让他觉得不可思议，一是酒店的形象遭到了破坏，二是员工没有休息的专用场所让他感到不满。第二天集团就开始了涉及所有酒店前厅与员工休息的专项工作。

“关心员工，他们才会尽心照顾好你的顾客。”在东呈，员工关怀也被作为一项至关重要的企业文化得以施行，包括主题日活动、员工生日会、入职欢迎会。东呈是一家拥有大量一线工作人员的公司，这样的活动是为了让这些每天与顾客接触的员工更有归属感，更像一家人，这样才会对顾客真诚地输出他们的关心与情感。

“伟大企业应该许下的承诺：要对这个世界产生持续积极的改变。”东呈距离伟大还有很远的路，可是无论是程新华本人，还是他的伙伴们，都对公司的目标深信不疑，从无人知晓的小酒店一路发展至今，凭借的正是这样的信念。

2015年，是东呈的事业遭受挫折的一年，但这一年也是公司发生巨大变革的一年，除了前面提到的组织裂变、薪酬调整之外，还有一件影响深远的事情——程新华与他心目中的“偶像”万豪集团走到了一起。

程新华原本并不认为一定要与“偶像”合作才达成了某种意义，远远地观察学习同样是有意义的。但是2015年正好有这样的机缘，此时距离他提出国际化已经过去了四年，他希望的不仅是到国外开办一些酒店，更希望能拥抱那些真正国际化的酒店企业。

可真的开始合作时，才发现一波三折，其中既有交锋，也有联手。

2015年4月26日下午，总经办（总裁办公室）召开了临时的紧急会议，公司总部的所有员工被告知第二天着正装上班。晚上，集团副总裁亲自检查各办公室与城市便捷白云山店的准备情况。

大家这时还不知道第二天要来公司的神秘贵宾就是万豪集团的谈判小组。三个月后，一份隐去对方主体的合作备忘录被交到法务部门，经过几轮修改，最终定稿。正式备忘录签署之际，大家才知道，原来东呈要和万豪合作了。

万豪最关心的两个问题被反映在合同的繁复条款中，其实这两个问题也是程新华最关心的，一个是产品标准的把控，另一个是开发速度的管控。双方在大方向上没有疑义，东呈也具备万豪所需的合作方的全部条件，但是在具体的合作细节上，双方免不了争吵。

当时负责产品设计的工作人员跑到香港和万豪的团队“吵”了两次，他后来笑着回忆：“美国人骨子里认为我们落后，所以他们的标准你一个字都不许改，哪怕我们明知道这不适合中国。”比如涉及房间装修中的窗帘布料，对方一定要求从英国进口，哪怕中国本土的窗帘比那种布料更好、价格更有优势，都不予考虑。

在美国人看来，东呈虽然是“合作伙伴”，却不具备对等协商的资格。程新华是一个谦虚的人，他认为与万豪合作是拥抱比自己先进的标杆企业，可是如果连起码的对等地位都没有，这样的拥抱也是可疑的。

“吵”，与其说是对于合作细节的争取，不如说是对这种对等合作身份的争取。

东呈的这位“专业吵架人”带着这样的“使命”与对方争辩，他说：“你们要求英国进口的布料，今天我们来比一比，这是我从国内带来的布料，无论材质、手感、耐用度都没有问题，为什么一定要英国进口？还有这个保险柜，你也要求从国外进口，这是我们国内的供应商生产的，我给你半小时，你如果能打开，我就用进口的……”

对方看到他很坚决，就笑着说：“不是担心被盗，而是担心出了问题自己人打不开。”

“那就更应该用国产的了，一旦出现你说的问题，是国内维修人员来得快，还是国外维修人员来得快？”

“还有这个装饰画，为什么必须进口？这几个圆圈图案对客人有什么意义吗？中国佛山有无影脚，我们的佛山万枫酒店能不能画点无影脚？”这位同事情急之下开起了玩笑，对方或许也感到强人所难，沉默不语。

其实最关键的问题不在标准，而在价格。如果都按照对方的标准，那么一间客房的成本将严重超出预算，加盟商如果得知自己15万元的单房装修预算不够用，不用想，结果一定是退出。

这种争吵并不是对于“拥抱国际化企业”的排斥，恰恰相反，争吵是为了更精确地融入并实现国际化。

中国民营企业的国际化有得有失，如果说华为这样的企业在国际化进程中得到的是领先的技术开发能力与市场开拓精神，那么失败的那些企业失去的正是坚持自我的意志。

就这样吵吵闹闹，到了2016年，东呈分别在南宁、东莞、佛山、重庆、梅州签下了五家第一批万枫酒店。9月13日，双方在上海举行了一场发布会。

发布会现场宣布，双方签署独家发展协议，万豪授权东呈以特许经营的方式在中国大陆市场发展万豪麾下“万枫”中端酒店。程新华说，他看到的不仅是“万枫”，也是一座更高的山。与万豪的合作既是一种结果，也是一个开始，这意味着程新华对于国际化发展进入了更深层次的布局。

三大战略水到渠成

在万枫酒店发布会现场，程新华还说了一段重要的话："东呈有一个三化策略，即金融化、平台化和国际化……此番与万豪的合作就是国际化策略的体现。"

国际化容易理解，这不仅是程新华的梦想，也是很多中国民营企业的必然之选。从2006年创办东呈，到2011年走出国际化的第一步，再到2015年开启与万豪集团的国际化合作，他希望未来的东呈成为世界一流酒店集团，或许将代表一种与当前主流酒店文化有所区别的东方酒店文化。

这是一个巨大的目标，也将是他后半生的新课题。

与国际化相比起来，金融化与平台化往往令人费解，一家酒店集团和金融、平台又有什么关系呢？事实上，金融与平台这两大战略正是支撑国际化的重要手段。

在金融方面，东呈有很多不为人知的创新，甚至已经成为集团内部的一份独立事业。

这项名为"金融数据服务"的事业模式如下：由其进行前期的项目评审，贷中签约监控，贷后的运营监控管理；银行负责放款、收息；加盟商通过东呈这一桥梁，获得银行贷款，并在后续保持健康运营还本付息。

东呈在这个模式中相当于银行与借款人之间的服务机构，银行获得了可靠、专业的酒店类借款人风险控制服务，借款人得到了借款，东呈赚取的是服务费。

此外，颇具想象空间的地方在于，东呈服务的加盟商属于社会高净值人群，管理酒店就是管理他们的资产，与此同时提供配套金融服务，未来将形成一个独特的酒店行业金融生态圈。

“加盟商金融服务”，是东呈的独家法宝，这项服务既来自程新华和他的同事们经年累月的思考，更来自日复一日的市场经验。当初程新华只想做100家酒店，当这个目标迅速实现之后，他开始思考1000家店的意义——那将不仅是数量上的累积，而是互相赋能的几何倍数增长方式。

由此，平台化战略也显得水到渠成。东呈在2016年已经接近1000家店，这已经是一个不小的平台了。有一家银行发卡难，东呈作为合作方，帮助对方通过旗下的酒店进行发卡，原本对方计划发放两万张银行卡，东呈一口气发放了五万张。对方震惊的同时也切实地体会到连锁经营的威力，此即平台的规模化效应。

程新华很早就看到了这种效应，所以他对于未来的商业模式设计也与此密不可分，并将其视作决定胜负的关键点。

平台的另一个含义则是互联网行业内常常提及的那种开放式概念，

以酒店供应链为例，东呈的供应链已经初步具备了平台化的雏形。

在东呈的供应链平台上，加盟商可以进行物资采购、价格比选、统一结算，未来这一平台也将在适合的时机对公众开放。

如果说金融化战略是行业纵深战略，国际化战略是着眼于未来的战略，平台化战略就是一种行业横向战略。

此时，距离创办第一家城市便捷酒店已经过去了10年，程新华用10年的发展得出了三个战略性的结果。但是很显然，这还远远不是东呈故事的全部。

中　部

制胜法则

第四章

经营哲学：比好再多一点

平台化、金融化、国际化，这三大战略是东呈前10年的结果，也是此后多年的开端。这些战略绝非凭空而来，它们高屋建瓴的角度，全部基于那些看上去很容易理解的现实。

一件事既然容易理解，则一定有别的意味，那就是它们不容易做到。

核心打法：以“多”取胜，加出高一档

在经典的经济型酒店定义中，“多”不是特点，“少”才是。这也是其称为“经济型酒店”的要义所在，它假定顾客希望付出的是最低的成本，得到的是最基本的服务。

酒店最基本的服务是什么？住宿与早餐，这也是经济型酒店英文简

称为“B&B”（bed and breakfast，床与早餐）的原因。因此经济型酒店的核心打法是砍掉多余服务，只提供有限服务。

在中国，这种情况更加极端，人们似乎只需要一个相对规整些的房间，别的一概“有限”——早餐被“有限”掉了，家具被“有限”掉了，大厅被“有限”掉了……

但这真的是人们想要的结果吗？程新华显然不认同这样的方式。即使普通顾客并不明白酒店的历史与真谛，即使大家无法说出世界上最有名的酒店名称，有些东西也不该被“有限”掉。因为顾客有感觉，会比较。

2006年起步之初程新华几乎跑遍了全国，目的就是看看别人的经济型酒店是怎么做的。他看到了别人的长处，比如品牌化经营、注重产品形象、极力压缩成本、不断做减法。但他也看到了另一种可能，如果把产品做得比市面上大多数经济型酒店更好一点，消费者一定会埋单，因为“更好一点”是人们能亲眼看到的东西。

至少在当时的行业里，做减法是容易的，做加法却并不容易。这也是中档酒店要再过几年才被业内人热议的一个原因，起步的时候，大家很少看到几年后的事情。

换而言之，虽然当时中档酒店品牌屈指可数，程新华却选择了一条理论上无比正确的路。城市便捷的定位是“高端经济型酒店”，就是基于这样的理论：抛开所有理性分析，人们通常会在微妙的产品对比中选出那个更好一点的酒店。

与其说这是对产品的透视，不如说是对人性的把握。只不过在市场层面，这种人性选择是适度超前的。

城市便捷就这样一点点做加法，加出了近千家更好一点的“经济型酒店”，这些加法既是程新华的个人风格在产品上的反映，也是东呈在那个一成不变的竞争时代中摸索出来的差异化法则。这些法则让东呈的产品比同类型竞争者们多出了不少细节，也多出了某种信念。

比如，酒店的白色枕头通常会交由第三方洗涤公司统一清洗，但是这样做的结果是枕芯棉絮会散乱，枕头失去弹性。在东呈的很多门店，清洗的程序是这样的：拆出枕芯，装进内胆套中，外枕套清洗完毕再重新装好。这样的做法也许不合常规，但结果就是客人用到的枕头既饱满又干净。

床单布草的铺放有八道标准程序，客人的行李箱不用特意叮嘱也会被擦拭干净，开放式卫生间的玻璃墙和玻璃淋浴门上不会留有一丝水渍，水杯或烟灰缸摆放在距离桌边10厘米的位置，因为这样既不会碰落到地上又最容易拿到。

卫生间的地砖接缝时间久了会变黑，东呈的做法是用白色填缝剂、美工刀、刮板、软毛刷、抹布等工具进行美化处理，通常美化时间安排在上午，这样做不影响过夜出租率。

在南宁青秀山店，迎面而来的接待员叫得出顾客的名字；当客人询问餐厅或洗衣房的位置时，他们会全程带客人前往而不是简单告知；如果有客人出现感冒症状，比如连续打喷嚏，很快会有人送上一杯热姜茶；客人入住期间恰逢生日或特殊纪念日时，房间里会放置鲜花和果盘。

城市便捷不仅没有“有限”掉早餐，反而提供超出预期的早餐种类，比如凉菜包括绿色有机生菜、黄瓜、油醋汁，冷切蘑菇里昂那，主食炒面、炒饭，外加粗粮和蒸点，麦片与面包至少各提供三款，温灯则常备培根或肠仔。

这些细节烦琐而且看上去无足轻重，可这却是东呈从一家店发展到1000家店的秘密所在。当别的酒店希望用减法快速复制的时候，东呈在用加法制造不一样的体验。

不得不说，这样的做法是有风险的。在经济型酒店遍地开花的年代，程新华只能这样慢慢打磨自己的酒店。幸运的是，当消费升级被明确摆上各家酒店企业的战略手册时，东呈在不经意间完成了提前布局。

提前布局的意义在于，你会成为被市场选中的那一个。

在产品方面，东呈的设计更是“加得彻底”。通常的经济型酒店房间不会超过20平方米，程新华则要求酒店房间不低于25平方米。多出来的这些面积虽只是一点点，却可以摆放一套小沙发，床尾与写字台之间的过道也会变宽，给人一种更宽敞的感觉。

城市便捷的大堂也要大一些，这样做不仅是让人觉得宽敞，而是隐藏了一个逻辑：酒店大堂可以加出很多东西。比如咖啡或者茶饮区，多放几组沙发的同时旁边再添加个书吧，还能有几台电脑给顾客使用，甚至大堂的旁边就是餐厅。

显然，这不仅是大堂，而且是具备社交属性的场所。事实上，我们往往在五星级酒店才会看到类似的场所，而城市便捷只是一家“经济型酒店”，却同样有一个这样的大堂，在公司内部，这种设计被称作“全功能大堂”。

客人走进城市便捷至少会在五个方面产生差异体验，视觉上清新明亮，嗅觉上香气扑鼻，听觉上舒缓放松，感觉上足够暖和或者足够凉爽，触觉上柔软又稳固。要实现这些体验，需要的是酒店缔造者经年累月用心挑选最终确定的标准，这其中既包括了看得见的成本，也蕴含着一种“将有限条件发挥出无限空间”的看不见的理念。

表面看来，凡此种种做法与经济型酒店背道而驰，但是在程新华的逻辑体系中却是合理的结果。因为经济型酒店一定不是“减法”，而是“剪法”——从无限服务中剪出某些段落，这些段落不仅仅是基础产品与服务，也包括让人产生“高级感”的那些内容，剪完之后再聚焦，将所有段落分清主次，并重新融合在一起，最终看到的就是城市便捷的样子——在经济型酒店的基础上，加上了那些“不经济”却事关人性的细节，也加出了真正的“以客为尊”。

产品迭代：再好一点的酒店产品

程新华最开始创立城市便捷酒店的时候就注定了这个品牌的基调——产品要更好一点，这种“更好一点”表现在很多方面。

为了找到一扇更加隔音的门，他们可以花费几年的时间去寻找供应商；房间内提供给客人使用的牙刷，有一个硬性标准，使用时没有脱毛现象；与此匹配的是牙膏的分量要充足，一小管牙膏至少可满足刷牙两次的用量；一次性拖鞋做得很厚实，让人看不出这是一次性用品；浴室花洒的出水量很大，热水龙头五秒内必须出热水，接头处禁止漏水。

这就是1.0时代的产品细节，虽然尚未形成特别系统化的产品标准，却充满了朴素的产品意识和一种朦胧的愿望，试图呈现给顾客比其他酒店更大一点的房间、更时尚一点的VI（视觉识别）系统、更有质感一点的产品体验……

就这样发展了五年，程新华和他的伙伴们已经在产品层面积攒了不可遏制的突破渴望。与这种渴望相对应的正是从1.0到2.0的产品迭代，但这不是一个明确的时间概念，而是循序渐进的过程。

第一次产品迭代大致始于2011年，当时程新华兵分两路，一路进军东南亚，一路进入湖北武汉。正是这一时期，他们开办了第一批明显有别于过去的城市便捷酒店。

武汉第一家城市便捷酒店是黄浦店，也是东呈自深圳春风路店之后，从广西南宁向国内其他市场进军的第一家店。该店的物业费用比南宁翻了一倍，直接决定了这家店不可能按照常见的“经济型酒店”去运营，甚至当时已经追求“更好一点”的城市便捷酒店也不适合，这种费用成本其实已经偏向于星级酒店了。

与此同时，这家店波澜起伏的开办过程注定了它将成为城市便捷第一次产品升级的标志。

原本有三位投资人约定，共同出资1000万元开办这家酒店，品牌依旧使用城市便捷。三个人的出资比例分别为200万元、300万元、500万元。前两位投资人的500万元资金到账后，酒店开始动工。施工将近一半，许诺出资500万元的出资人退出，200万元的那位出资人也打了退堂鼓。就剩下300万元的这位出资人独立支撑，而这位最后的坚守者正是程新华派往武汉市场的得力伙伴。事已至此，不能不做，而且要把产品做得更好，最终，程新华将剩余资金注入，用伙伴的话来说，“程总顶上来了”。也正是这家店，打开了一种“内部加盟+直营”的新模式。

武汉黄浦店最终向人们展示了一种令人印象深刻的变化——2.0时代的产品相较于前，已经有了很多明确的系统化标准，比如以下这些：

为了达到更好的隔音效果，采用的是双层隔音玻璃窗；从取电器上取走房卡时，客房电源将断开，如需持续供电，可使用位于床头的不间断供电（UPS）插座；客房内的床单布草不必主动提供洗涤服务，目的是减少化学洗涤剂的使用，如果客人有洗涤需求，可将清洗卡放置在床上；房间内不放置任何收费物品，这样客人就可以免查房快速退房，如果客人需要购买物品，可与值班经理联系，由后者提供店内商品或者代买；虽然房间内没有收费商品，却有一些赠品，比如矿泉水、便携收纳袋；写字台的电源和电线接口全部位于写字台上方墙面，方便客人使用；南方城市的客房卫生间内大多配有自动干衣机，客人的小件衣物洗涤后可迅速风干……

就是这样一家经济型酒店，在2012年3月29日正式开业之际向市场提供了偏向于星级酒店的产品，单房售价仅为139元，六年之后，售价为300元，而整个湖北市场也以此为原点，突破了300家店。

但即便拥有这样的产品与服务细节，城市便捷在当时依旧不足以被称为“高端经济型连锁酒店”，真正让其实现与这一称号匹配的产品水准的，是最近一次产品迭代。

从2.0到3.0的产品迭代发生在一个明确的时间点，2014年年底发布中档酒店品牌正是此次产品迭代的标志。换言之，3.0的产品标准事实上就是中档酒店的产品标准。

中档酒店的产品特征是“格调×效率”，这种特征集中表现在东呈所有酒店品牌的底层产品构架中，也是客人在2014年之后入住时可以亲眼看到的细节。

“精致”与“精选”是这些细节的两大关键词，前者代表的是格调，后者表达的是效率。最能体现这两个关键词的同样是两大产品：灵动客房与格调餐厅。

所谓灵动客房，在60多页的房间设计任务书中明确规定了很多框架，比如卫生间面积要占到总面积的25%，这在通常的经济型酒店产品中是难以想象的，一方面东呈的酒店客房本身面积就更大，占据客房面积四分之一的卫生间也就有了更宽敞的感觉。这样做的目的是为了将衣柜嵌入卫生间，称为“半步入式衣柜”，以此营造出高端酒店的格调，同时单房造价不超过10万元，事实上第一家样板店的单房成本只有8.5万元，兼顾了格调与效率。

所谓格调餐厅，则是在菜品与服务方式上花了一番心思。餐厅除了丰盛的早餐，还提供晚餐，实际上24小时都可以吃饭，但不是那种浮夸的餐品，而是一种类似于“全家FamilyMart”式的简餐，比如鸡扒饭、牛排等。为什么是简餐？因为可以节省人工，不需要像传统餐厅那样配备大量人员，只需要一到两人。后厨有操作指南，每天早上大厨做好配料并有序分装，客人有需要时由常驻人员进行加热摆盘，既是有格调的美味简餐，又省时省力。

通过产品的迭代，可以看到东呈经历了市场的推动、艰难的抉择、深刻的思考、反复的融合。就这样经过两次产品迭代，今天东呈旗下的酒店已经在产品与服务方面形成了一些相通的肌理。无论是经济型酒店品牌还是中高端品牌，这些隐藏在产品中的细节如同血脉，决定了这家酒店企业在经营逻辑中最核心的部分。

这个部分既是比同类型产品“再多一点”的客观呈现，又是程新华内心深处坚信可以确保企业永续经营的那种简单却难以做到的信条。

思维升级：先做产品与先做品牌

产品催生品牌的历史，就是城市便捷的发展史。但在2014年之后，当东呈进入中档酒店领域时，这种路径开始出现变化，发展至今，东呈旗下的不少酒店是先有品牌，再做产品。

这是两个风格迥异的经营策略，其中蕴含着微妙而影响深远的逻辑。

2014年东呈内部提出了一个“弯道超车”方案：在全国所有的城市便捷酒店中选出100家，改成中档酒店品牌，以此实现对中档酒店市场的占领。

可是程新华并不认同“弯道超车”，他更相信“踏实”的力量，也深知城市便捷这个由产品驱动的品牌来之不易。但与此同时，他并不保守，对于中档市场的崛起非但不惊讶，反而是一直以来翘首以盼。

如何切入中档市场呢？与其用成熟产品来置换新品牌，不如用新品牌来驱动新产品，这就是他所理解的经济型酒店与中档酒店的不同打法。后来的事实证明，这种理解是有充分理由的。

首先，经济型酒店的生存逻辑是“以房为主”，“房间”这个产品就是城市便捷的命脉。但是其他类型的酒店并非如此，比如中档酒店、跨界酒店、度假酒店等，“非房收入”是这些酒店产品实现盈利的重要构成部分。这就决定了城市便捷酒店要在已有的产品基础上持续做加法，做产品的加法，而不是概念、品牌的加法。中档酒店则反其道而行，作为一种品牌概念先入为主，先设计好发展理念、酒店文化，再将其一一落实。在盈利方面则将功能化让位于个性化，通过周边产品、个性化场景、特定人群、体验式消费得以实现。

其次，经济型酒店说到底是以功能取胜，因此从功能角度出发进行产品打磨，让功能为产品说话。如此一来，城市便捷这样的经济型酒店尽管产品功能出色，但市场定位与品牌形象是相对模糊的。中档酒店则是让品牌与文化为产品说话，换而言之，酒店在施工之前已经被注入了某种特殊的“人格”，其市场定位与品牌形象是精确清晰的。

最后，经济型酒店是市场基础层面的布局，数量要足够多，网络要足够密，连锁管理的成本才会降低，平台化的效用才会发挥到极致，顾客的头脑中才会形成一定程度上的产品印象。从顾客需求角度而言，城市便捷是没有门槛的选择。中档酒店则是直接用鲜明的品牌内涵去筛选顾客，顾客入住这样的酒店是有门槛的，这种门槛未必是价格，但一定包含这家酒店所宣称的文化。

那究竟孰优孰劣呢？事实上，这不是优劣之别，而是时代变化的结果。2014年之前，城市便捷作为东呈的王牌产品攻城略地，在规模化方面已经形成了一股势能。但是，也有一些问题令程新华焦虑着。

一切的起因都在于市场正在急剧变化，与之相应的是人们的消费需求更加多元化，针对这种多元化的多品牌布局已经成为中国酒店集团的新课题。可是，此时程新华的麾下还没有人能做这件事。

产品研究院正是在这一阶段成立的，程新华的想法是通过这一机构孵化出一系列真正抓住市场痛点的新品牌，如果说城市便捷是一种大众化的选择，那么新品牌一定是个性化的。

这个出发点注定了孵化这些品牌的人必须是有个性、有想法并且真正有情怀的那类人。

2015年，程新华等到了一个机会。他原本希望投资一个新锐酒店品牌，谈了几轮之后，他对那个品牌的创始人说“不如你加入东呈，一起做一些更有意思的事情”。

这一年，东呈的产品研究院热闹了起来。新加入的员工和之前的员工展开了一场新品牌的大PK。双方各自带领团队找设计、做概念、落地产品，最终新员工的新品牌在PK中胜出，这就是后来的锋、吾公馆、蓓利夫人三个个性鲜明的酒店品牌。

这些品牌的调性一目了然，锋主打潮人群体，吾公馆主打商业领袖私人订制，蓓利夫人主打中产阶级生活方式。

东呈的品牌化布局也就此拉开大幕，10年前，东呈成功的最大原因是程新华的工匠精神，而10年后，东呈的成功将很可能归因于建立在工匠精神基础上的多品牌酒店管理矩阵。

很显然，这同样是“再多一点”这个理念的延展与升级。

市场布阵：铁网深耕，星火燎原

东呈在产品方面拥有核心竞争力，与此相对的一个事实就是，其抢占市场的速度并不突出。那些耀眼的市场数据大多来自近几年，在更长的时间里，东呈并不是一家以速度见长的企业。

在不同的发展阶段，这种“慢”可以被赋予不同的评价，现在能看到的一个结果是：被程新华称作“铁网深耕”的市场布阵方式对于东呈有着基因级别的重要意义。

时至今日，东呈在已经取得令人瞩目的规模化成就的前提下，其市场策略依旧不是“广撒网、一盘棋”的鲸吞式打法，恰恰相反，他们采用的是一种“星火燎原”式的小网络、深扎根策略。

“铁网深耕”的雏形出现于广西南宁。当时，南宁市的西部、南部、北部都开了城市便捷酒店，东部却由于物业成本过高迟迟无法打开。这个过程持续了一年左右，随着城市便捷影响力在南宁扩大，最终打开了南宁东部市场。“东西南北”逐一布点，然后垂直深耕，南宁市场就这样成为东呈市场拓展的试验场。

没过多久，这个试验扩大到整个广西，第一个开拓的南宁外的市场是桂林。在桂林开店之后，为了让自治区内顾客形成串联，程新华想了一个办法，在区际大巴线路上打广告。2009年前后，东呈花费在大巴线路和高速路上的广告费用达到了200万元。

铁网深耕的雏形就此形成，其内涵是：以省级为单位，先在省会城市布点，再到周边地级市发展，接着以省际交通联络线作为营销通路，形成省一级的连锁网络。这种省级网络被称为“铁网”，铁网形成的同时，在每个网结城市集中力量开店，从而将网牢牢扎进市场，这个过程被称为“垂直深耕”。

之所以将相邻的省级区域作为网络的主力单位，在于早期市场调研的结果。程新华和他的伙伴们发现，广西的城市便捷酒店顾客大多是自治区内的人，占到了全部顾客的60%，其余顾客则以周边相邻省份为多。

这种结果表明，经济型酒店市场呈现出明显的区域性特征，并且以省内与相邻省份的差旅往来频次最高。

基于这一依据，城市便捷的市场开拓思路就是以省为单位，结网布局，垂直深耕，逐渐蔓延。以广西、湖北作为最早的两个省级区域，依次扩展至周边省份：广东、湖南、河南、四川……在各个省份垂直深耕之后，再形成全国性的片区，比如华北大区、鄂西大区、川渝大区等。

具体到一个省份的深耕过程则充满了各种各样的故事，以湖北为例，第一家武汉黄浦店开办之后慢慢积累起了一定的影响力，到了2012年又在武汉开了第二家。

这家是加盟店，8月8日开业，之后一个月内赚到了8万元净利润。程新华和这家店的店长见面之后聊了起来，得知当时的出租率超过了90%，程新华感慨地说，不低了。店长说加盟商希望再高一些，程新华笑了，还能怎么高，保持这个出租率没有问题。

店长感到很欣慰，一是程新华站在店长的立场上说话，二是程新华很懂行。这位店长受到了很大的鼓励，除了程新华本人的表态，也出于城市便捷与市场上的同行存在的巨大差别。

比如超强的售卡能力。这位店长在进入东呈之前，对于销售会员卡这件事并不在行，因为当时大多数酒店品牌并不注重这一行为。但是在东呈，会员卡销售被当作铁网深耕的一项重要武器，受重视程度自然非比寻常。

背后是这样一个逻辑：以当时的银卡为例，每住一晚可以省下20元住宿费，每张银卡售价38元。住两晚就可以把买卡的钱赚回来，再住还有优惠。对于那些不只住一晚的客人而言，这就是实打实的优惠。而对于东呈，他们的目的也达到了，带来了更多的回头客。

比较起来，其他经济型酒店的会员卡多以“注册会员免费赠卡”为主，虽然可以更大规模地发卡，可无论是会员卡的含金量还是会员有效转化率，都无法与东呈相比。

会员卡销售步骤也是标准化的：办理入住时至少三次称呼顾客姓氏，以此表示对顾客的尊重。给顾客介绍不同房型的过程中，适时询问对方是否需要办理会员卡并介绍相关福利。如果顾客表现出兴趣，则结合顾客入住期限使用计算机计算优惠结果。

店员对售卡也抱有热情，因为售出的每张卡都有收益。销售一张银卡店员可以提成10元，金卡提成40元，黑金卡提成70元。不仅店员有提成，店长也有相应的提成，不过金额远没有店员这么高。此外全店也有一个总体留成，称为全员财富，这一留成既来自售卡业绩，也包括其他奖励，比如满房奖。全员财富顾名思义属于全体店员，大家平均分配。

湖北第二家店开设时，店长掌握的市场数据一目了然：7天在湖北有80余家，如家有30余家，汉庭、锦江之星分别有10余家，此外还有湖北本地品牌比如艳阳天。

面对竞争，店长的策略是就地深挖——他称为“地推式全营销”，全体员工都要参与，包括做房大姐（做房，指将客人住过的房间重新整理成一间可以出售的新客房），下班后去周边发送宣传单页，拜访周边客户。周边市场被做透之后，顾客头脑中形成了品牌印象，加之城市便捷的产品优势，形势就此被扭转。

后来，其他品牌在附近开了一家直营店，据店长回忆，这家店隔三差五来店里“挖墙脚”，劝说店员跳槽。有一次，店长无意中听到了店员和对方的谈话，对方说，他们的薪酬待遇更好，为什么不去试试呢？店员说，我们店是自己一步步做起来的，每个人都有功劳，舍不得离开。

店长说自己很感动，星火燎原的背后不只是一份生意，更是一份感情、一份成长的经历。

以人为本：青苗工程与问题孩子，绿皮火车与高速摩托

服务行业是“人”的行业，尽管酒店产品本身就有高下之分，但能在更漫长的时间里影响一家酒店成败的，实际上是维护产品与提供服务的那些人。

在中国，酒店行业发展的最不尽如人意的地方恰在于此。我们很难想象一家酒店企业的一线员工可以数十年如一日地领取并不丰厚的收入，忍受繁杂劳累的工作，同时毫无保留地奉献青春。

这其中，一定是出了什么问题。收入与付出的不成正比只是其中一个方面，还有另一个更重要的因素，那就是集体情感的缺失。

中国人在过去很多年奉行集体主义，这种做法并不存在本质上的错误，错在那种所谓“集体主义”往往为了一个虚幻的目标而刻意抹杀个人得失。时至今日，中国民营企业尤其是市场一线人员群体走向了另一个极端，过分宣扬个人得失而不强调集体共同成长。

这两种极端的连接点正是情感。无论哪种集体，都会在客观上形成集体情感，而适合于企业的集体主义实际上是既注重个人利益，又强化集体情感。酒店这样的服务行业尤需如此。

2011年东呈大学成立，2016年“青苗工程”落地，目的就是从根本上解决这两个问题——

东呈大学与青苗工程的很多实施细节中都注重集体情感的培养，让年轻人步入社会之前打上东呈的文化情感烙印，这解决的是集体情感与归属感问题。而在正式加入东呈的市场一线队伍之后，又以内部晋升的方式帮助他们打造一条可预见的职业发展道路，解决的又是个人得失的问题。

以青苗工程为例，这个全称为“前瞻性人才储备计划——青苗工程”的人才培养计划始于2016年10月。之所以落地这一项目，是出于一个严峻的现实。当时正逢毕业季，公司通过双选、校招等途径招聘了不少大专院校毕业生，原本是值得期待之事，因为公司规模扩大，新店越开越多，需要的一线人才也日益增多。可是招来的毕业生过不了多久就会离开，人员流失率过高。

这不完全是东呈的问题，而是整个酒店行业的困惑。青苗工程就是为了应对这一问题。

青苗工程依旧选择从外部招收学员，但是在招收时间与介入节点等方面进行了改变。以前是和别的用人单位一样挤进校园，现在，他们增加了另一种方式——与湖北经济学院签订合作协议，敲定“东呈青苗工程”的一系列定制课程、学分互换、实习基地等合作内容。

青苗工程的宣传海报上有这样几句话——“拒绝一成不变的生活，拒绝日益平庸的自己，世界那么大，路就在你脚下。”这是一种青春激荡的理念，宣示的是充满集体战斗力与奋斗激情的青春力量。

在招聘现场的宣讲中，这种力量被进一步强化。首先邀请学生们参加社会生存技能比赛，学生们可挑选一项最可能赚钱的技能，和宣讲人员来个现场比武。比赛结果可想而知，尚未步入社会的学生们不是宣讲人员的对手。设立这个环节正是为了让这些孩子们意识到，自立的时候到了，但大家还普遍欠缺独立生存的技能。接着便给出东呈这个大舞台，让大家看到在这家正在规模化发展的酒店集团中，有无数的机会等着大家施展拳脚。

青苗工程开展之后，人才储备量明显增加，而且流失率也在降低。

但这并不能阻挡“问题孩子”的出现。

所谓“问题孩子”，就是指那些原本坚定，中途却由于某些原因萌生去意的学员。为了尽可能扭转局面，东呈制定了“工具包”——为青苗工程定制的培训计划及青苗导师的带教手册。

有一个“问题孩子”的情况是这样的：父母关系不好，前段时间她把母亲接过来一起生活，可是父母总打电话吵架，她希望回到老家调节。导师问她，父亲多大年纪？她说，40多岁。导师说，40多岁正值男性的中年危机，这不是你能调节得了的。你能做的是给自己找到稳定且明确的成长道路，让自己具备足够的独立生存能力，这才是对父母最大的安慰。

这个“问题孩子”还提出了两个概念，一个叫绿皮火车，一个叫高速摩托。所谓绿皮火车，是指留在东呈的职业道路，虽然看上去速度不快，但是可以稳定发展。而高速摩托，则是她朋友介绍的一份工作，工资许诺得很高，可是未来方向不明朗。

导师接着开导这个孩子，事实上，她心里已经有了答案，留在东呈这个大集体中是最优选择，因为这里既有一帮志同道合的小伙伴，又有导师进行生活与工作的疏导，最重要的是东呈这个平台能给她足够明确的发展道路——东呈总部的不少高管，正是从店长岗位一步步成长起来的，而且这一切发生在过去短短几年时间里。

一个小时之后，谈话结束了。导师说，我不会给你任何建议，留下来还是离开，都应该由你自己选择，我会尊重你的选择。

当天晚上，“东呈小苗苗”微信群里发来了几张照片，是同一批青苗学员聚餐合影的场景，其中就包括这个“问题孩子”。大家说吃了个饭，眼睛哭肿了，不走了，以后一起加油。导师看到此情此景，感慨地说：“你们给了我创造奇迹的机会，我们这个班今年力争培养八个前厅经理，明年就是八个店长。”

“问题孩子”是一个充满感情色彩的字眼，它表明了东呈青苗工程对于年轻人的关爱，他们的“问题”其实并不是真正的问题，只是对眼下的困惑缺乏应对经验和能力。

事实上，整个酒店服务行业的人员高流失率大多离不开这种所谓“问题”——家里有困难、看不到前景、收入不够高，留在东呈，是这些年轻的孩子们解决这些“问题”的最好途径，因为东呈的发展正在向他们展示强有力的事实：这是一个充满人情味和战斗力的舞台，在这里，没有独木难支的困苦，只有其利断金的力量。

管理赋能：让管理更好一点

东呈的管理理念中有这样一条——“走动式管理”。常人所理解的管理是将军于帷幄之内，运筹千里之外；可是走动式管理却要求管理者走出办公室，去市场一线直击问题。

这很显然起源于程新华的个人管理习惯，时至今日他依旧对自己亲眼所见的市场一线情况深信不疑，认为那才是管理的终极目标。对于酒店管理行业而言，这是符合逻辑的做法，因为酒店本身就是市场的核心部分，如果酒店管理者甚至从不走进酒店现场，又谈何管理？

这种管理方式不仅是为了解决问题，更是为了给企业的日常经营赋能，让管理变成一种可以直接产生效益的手段。

一位店长说，每年公司在10月前后都要进行全面预算与目标管理，预算中有一部分称为“资本性改造”。所谓资本性改造，就是酒店除了日常维修之外的重大维修，比如更换整个酒店客房的地板，价格高达数十万元，都要提前做进预算之内。

但是预算的含义并不是对酒店资金使用的绝对限制，比如今年这家酒店的资本性改造预算是10万元，并不意味着只能用10万，超出部分不予解决。这就涉及“目标管理”，预算是为了目标服务的。

举个例子，酒店的空调需要整体更换，但是在前一年的全面预算中没有预料到这笔资本性改造，那怎么办？可以向集团提出申请。这些问题都是从各个店长的日常管理中发现的，解决的方法也是基于这种市场一线实际情况制定的。

谁去发现这些问题呢？店长、区域经理、大区总经理、集团高管，互相传导。各个部门之间也要奉行“走动式管理”，多走动，多沟通，互相PK，相互赋能。

店长作为最重要的走动管理者，不仅要在市场一线多走动，还要抓住机会向集团走动。这就是东呈管理理念中的另一个独特的景观——向上管理。

一位公司高管的秘书用一年时间探寻这种“向上管理”的精髓。一年之前，她的上司门口每天都排着长龙，上司听完一个汇报，又来一个请示，接着电话又响了，这边刚处理完，那边又出了其他问题等待指示。刚忙完，到了会议时间。在会上，主管领导挨个提问题、提要求，她的这位上司焦头烂额，更像是被下属和领导们“围攻”。

她开始思考为什么会出现这样的混乱局面，总结下来有三个原因：第一，这位上司总担心下属做不好工作，所以习惯于亲自指点，导致下属凡事都不拿主意，甚至只要他不在办公室里，大家就都不干活。第二，凡事事必躬亲，却又缺乏系统的指挥方法，只好吩咐大家一切行动听指挥，早请示晚汇报就不可避免。下属们逐渐养成了“不求有功，但求无过”“多一事不如少一事”的心理。第三，这位上司担心被“架空”，安排工作时不仅要越过直管下属而直接向执行者部署，从而导致其不仅是部门领导者，也是部门的“消防员”，既是教练员，又是运动员。

她决定通过“向上管理”扭转这种不利的形势。首先扭转的是自己的理念：以后上司的工作模式问题，作为下属的她要负一半责任；上司的管理状态混乱，她也有不可推卸的责任。

在这种理念的支撑下，她开始尝试理解上司，设身处地地换位思考，以上司的角度看待问题。

一次，A组与B组的负责人冲到上司办公室要求处理一件纠纷，纠纷的起因是A组负责人要求撤换B组的一位员工。为了这样的人事纠纷而占用上司的时间与精力，在这位秘书看来是资源浪费，上司的实际表现也如她所料，很不耐烦地将两人打发走了。

作为管理者，除了直觉之外，又能凭借什么来判断一件事情是重要的、必须处理的呢？如果不提前做好规划，这个问题很难回答。更难以预料会不会因为小事而耽误了大事，所以时间管理与提前预约是最重要的一步。秘书按照上司负责的工作领域，详细整理了一份各项工作时间报告，按照时间紧迫度来反推重要级别，逐一标示，并提出了预约时间管理制度。

这个想法得到了上司的认可。下一步是更重要的，她要把上司杂乱的办公桌分门别类做好管理，这看上去是个清洁工作，其实是工作思路的变革。不同类别的签批文件整理得井然有序，办理进度也被她用心地贴好标签。

本质上，这是“填空题”与“选择题”的区别。以前，上司需要面对的是无休无止的填空题，现在，他只需要做选择题即可，工作效率大为提升，也再没有人毫无章法地闯入他的办公室进行争吵了。

通过一年时间的向上管理实践，上司的工作效率得到了大幅提升，整个人反而变得更加轻快。她总结了“向上管理”的五大法则：1. 与上司建立默契与信任；2. 及时把握信息流向，把上司的事情当作自己的事情；3. 适应上司的工作方式，帮他梳理而非帮他戒除；4. 充分管理上司的时间；5. 设定与上司共同的工作目标。

向上管理的最高境界，是在成就个人的同时，与组织步调一致。当员工具备向上管理的意识与能力时，就能达成这一目标。因为此时，他们只有一个老板，那就是他们自己。

企业气质：从不冒进的冒险者

东呈是一家什么性格的企业？要回答这个问题，就不得不提到公司内部的一个概念：双轮驱动。一轮为稳住市场根基，一轮为叠加式创新。

所谓叠加式创新，是区别于发明式创新的概念。顾名思义，东呈的创新通常是建立在已有的市场行为基础之上的，而非那种惊世骇俗的颠覆式发明。对于酒店企业而言，这样的创新态度既是创始人风格的映射，也是出于行业实际情况的理性选择。

酒店行业从来都不是那种改天换地的发明行业，在长达六七百年的行业历史中，无论产品还是经营模式，其创新之处屈指可数：第一家给每间客房都安装了独立卫生间的酒店，是创新；第一家选址于城市中心或山野荒郊的酒店，是创新；第一家修建公共庭院和景观的酒店，是创新；第一家统一培训服务人员的酒店，是创新；第一家发展连锁化经营的酒店，是创新……

看上去令人激动，可是这些创新贯穿了数百年的发展史，与那些平均两三年就要爆发式变革的行业比起来，实在不值一提，甚至严重落后。

举一例便可一目了然：通过网络预订酒店远不如网络购物简单，这说明虽然酒店把预订渠道升级了，但提供服务的方式尚未发生本质改变。

酒店行业在过去数百年的时间里没有出现变革式创新自有原因，这个行业的本质是人的服务，服务的思维与创新取决于人性，而人性是亘古不变的。但是这个行业依旧需要创新，因为其顾客身处一个技术创新无处不在的时代里，酒店作为人与生活的承载空间，必须考虑这些新技术和由其催生的新思维。

东呈的创新正是出于这样的行业特征，他们自称冒险者，却绝非冒进者。程新华也是如此，他拒绝一成不变，同时反对“弯道超车”。

东呈在产品上的创新充分说明了这种气质：城市便捷的创新是来源于已经被市场验证过的经济型酒店，东呈在已有的基础上再加一点创新；

中档酒店品牌的创新同样是基于已有的市场产品类型，东呈再加一点创新；东呈旗下几乎每个品牌都有一个对标品牌，还是出于同样的理由——东呈在市场棋局中从不主动下子，而是后发制人。能够精准概括这种企业气质的，正是他们经营理念中的那12个字："走大路，找对标，慢半步，快一步。"

显然，在东呈的企业性格中，最重要的不是什么时候发起创新，而是创新的最终结果：快一步。

以酒店空间创新为例，可以充分说明"快一步"的结果。东呈的跨界酒店产品策略发布于2018年4月，而"跨界创新"并非他们的首创。2018年1月，全球首个无印良品酒店"MUJI HOTEL"在深圳正式开幕，未开业就引发了市场的极大期待；2017年8月，网易严选与亚朵合作的"亚朵·网易严选酒店"在杭州开业，此后亚朵又发布了知乎酒店，命名为"有问题"酒店；宜家选择了与全球最大酒店集团万豪合作打造经济型连锁酒店品牌Moxy，目标受众主要为"千禧一代"（指1982—2000年间出生的人）；法兰克福有一家25 hours Hotel，这家酒店是由生产牛仔裤的李维斯（Levi's）设计的；在更早的2010年，Armani Hotel惊艳亮相，这间当时最激动人心的酒店由时装界掌门人之一的乔治·阿玛尼参与设计。

虽然东呈不是第一个吃螃蟹的人，可是他们却对跨界创新表现出一种成熟而深刻的理解。

他们认为，“酒店＋”是在空间运营上做文章，将酒店变成更高效、更有投资价值和更高投资回报的空间。而东呈要做的是“＋酒店”——“＋酒店”的复合商业空间的出现，势必改变酒店现有商业模式，创造新的物种。未来，复合商业空间运营商将取代现在单纯酒店管理公司的角色。

在程新华的理解中，没有商业模式支撑的跨界，顶多算是一场营销，这样的跨界无法实现永续经营，也无法带来非房收入增长。

就此问题，东呈主张：任何商业形态的结合最终都是为了盈利。跨界组合如果不能够解决这个问题，终将难以持续发展。

东呈为此考量了许多，根据不同跨界主题，摸索出永续经营的新商业模式。例如殿影艺术酒店，它是一个深度跨界的售卖电影时光和电影场景的酒店，其营收结构及利润就来源于精心打造的“24小时电影生活圈”。

所谓24小时电影生活圈，就是按照电影业态进行消费时间的切割，不同的时间销售不同产品，比如上午时段的电影明星主题早午餐，下午时段按时间售卖的点播影院，晚间时段的电影酒吧派对，以及深夜时段的电影造梦住宿空间等。

跨界是为意义埋单、为场景付费。复合商业空间可以通过多业态的优化配置，丰富空间消费场景，实现导流，构建商业生态圈。无论是对于经营方还是投资方，它都是一种很好的、将流量变现的重要途径，以此整体商业的投资回报率也会更高。

东呈的务实主义与浪漫主义在这场跨界创新中合二为一，这正是程新华的内心写照：他希望东呈的企业气质中蕴含着不安分的因子，在产品与市场层面适度超前，又时刻以安全为底线。就像一个高空中走钢丝的人，能走上钢丝就是勇气，但是否绑上安全绳则表明了冒险与冒进的根本区别。

第五章

顾客密码：酒店业的矩阵规则

中国的本土酒店集团与国际知名酒店集团，在发展路径上有一个截然相反的区别：本土公司往往是从经济型酒店做起，一步步向上生长；国际酒店公司在中国市场上则多以高端酒店形象示人，再逐渐向下渗透。

事实上，这种现象在发展中国家是一种常态。因为最接近普通消费者的商家，一定是本土化的企业，国际大企业则专注于抓住“头部市场”。可是，当一个国家的国力不断崛起，市场就会迎来消费升级。如此，本土化企业必然与国际大企业正面交锋，本土企业的最大优势在于：他们更了解整个市场，也更了解市场上的人。因为这个由大多数普通人作为顾客的市场，在很大程度上，正是他们亲手塑造的。他们的手中，拿握着打开顾客需求的密码。

品牌蜂窝煤理论

不了解酒店行业的人，常会被这样一个问题困扰：为什么知名酒店品牌背后往往是一个普通人未曾耳闻的酒店集团的名字？比如汉庭酒店的母公司叫华住酒店集团，7天酒店的母公司叫铂涛集团，城市便捷酒店的母公司叫东呈……

因为品牌作为单独的酒店名称，具有独特的性格内涵，酒店管理者要竭尽全力让这种性格得到顾客的认同。正因如此，当一家酒店集团旗下不是只有一个酒店品牌的时候，集团公司就会选择“隐身”——淡化公司的名字，突出品牌的认知。

事实上，在酒店行业内，大多数酒店集团旗下都拥有若干个酒店品牌，每个品牌对应的目标顾客群体也泾渭分明。

这种区分品牌的标准，似乎就一句话：群体间的支付能力并不相同。

尽管在很多人眼中，这就是问题的本质，但是如果单纯以酒店价格作为品牌段位的标志，也有些片面。价格在很多时候只能作为数量的度量衡，服务质量却很难用价格衡量。

以东呈为例，城市便捷的顾客与怡程的顾客或许在服务种类与数量方面存在差异，但在服务的质量上，并无明显区别。品牌之间的区别，在那些有抱负的酒店从业者眼中，正是体现在产品价格与服务数量上，而在服务质量上都有一套相同的价值取向：再多一点，超出预期。

程新华的“蜂窝煤理论”就是这种价值取向的理论呈现。在他看来，东呈旗下的多品牌策略正是再多一点的数量与再多一点的质量之间的化学反应——“再多一点”，依旧是东呈未来发展的精神旗帜——蜂窝煤风孔多，火势旺，虽然有多个出风孔，但是有统一的基座，不至于散乱。这个基座，就是东呈12年来构建的庞大体系：供应链体系、会员体系、产品标准等，以及集团规模化带来的边际成本递减效应，这也是他们能够一直保持“再多一点”的本质原因。

多品牌的根本原因也不在于程新华的个人喜好，而是由顾客与市场决定的。东呈从2014年开始的多品牌策略，正是源于中档酒店时代的多样化需求，在市场上也取得了一定的口碑。当时间到了2018年，市场的变化更快，内容更加丰富，酒店行业正式进入了新品交锋的年代。程新华一口气发布了五大新品牌：宜尚PLUS、吾公馆、蓓利夫人、锋、瑾程。

背后的原因有三点：第一，程新华的理论经过了漫长的思索与提炼，同时也在市场上经过了硬核式的拼杀与验证，此时需要的是对品牌“蜂窝煤”理论的彻底执行；第二,五大新品牌各有所长，宜尚PLUS是对原有的中档酒店品牌宜尚的全面升级，意味着东呈在中档酒店市场上深入一步，吾公馆、蓓利夫人、锋锚定的是中档酒店市场中的细分领域——精致生活酒店，而瑾程则是怡程的全面升级，是对“东方生活方式”这一使命的延展与升级；第三，东呈此前在品牌数量上与行业巨头相比并不算多，这是“慢半步”的体现，此时发布五大新品则是“快一步”的前瞻。

五个新品牌以及原有的多品牌矩阵，也反映了“再多一点”这一核心理念。再多一点的数量是为了应对消费升级，尽可能多地覆盖个性化消费需求；再多一点的质量是为了在每个品牌细分市场上都保有“多一点”的优势。二者结合，会如同蜂窝煤一样获得更充分的燃烧，更高效地向市场释放能量。

据不完全统计，目前国内酒店总数约40万家，中档酒店不过4000余家。有统计机构在数据基础上做出预测：再过五年，中国的中产阶级数量将从1.74亿家庭增长至2.71亿家庭。中国中档酒店市场的潜在消费人群有望以年增长10%左右的速度持续扩大。

接下来的时代，将是中档酒店的时代，这就是东呈多品牌策略的深层原因。它既是酒店行业的通行法则，又蕴含着东呈对于品牌的独特理解。

对行业进行横向对比即可获得直观的结果：锦江国际集团在并购维也纳酒店集团与铂涛集团之后，旗下目前拥有35个不同的酒店品牌，分别归入三个不同的等级，比如简约舒适酒店品牌锦江之星、金广快捷、维也纳3好等；精品优选酒店品牌锦江都城、康铂、喆·啡等；豪华高端酒店品牌昆仑、锦江、铂涛菲诺等。首旅如家酒店集团旗下则拥有31个不同档次与产品类型的品牌，比如商旅酒店品牌如家、莫泰、云上四季等；

中高端商旅酒店品牌柏丽艾尚、和颐、素柏·云等；高端商旅酒店品牌建国饭店、京伦饭店、扉缦酒店等。

与这些同行业的标杆企业相比，东呈旗下目前拥有12个酒店品牌并不多。在程新华对于品牌的认知中，这种多品牌策略不只是“行业大路”，更意味着一家企业做好了应对市场的准备，也拥有了经营不同品牌的能力。他认为，在科技和社会巨变时代，消费者个性化、圈层化的速度比人们想象得更快，商业组织、交易结构的复杂程度也越来越高，单一品牌策略已很难奏效。

单一品牌打天下，是经济型酒店时代的做法。经济型酒店时代就像龙卷风，一阵风吹过，就是上千家酒店，大家都靠一个产品打天下，简单粗暴。中档酒店不能再沿用经济型酒店时代的思维，必须在产品品质上适度超前布局，在产品种类上满足日益个性化、多样化的需求。

东呈的新品牌也将以此为底层依据，全力布局中档市场。东呈的多品牌战略，有着清晰的两条主线：一条是主流的商务酒店，包括宜尚/宜尚PLUS、怡程/瑾程、城市便捷三大主力品牌系列；一条是跨界酒店与精致生活系列品牌，跨界酒店包括殿影艺术酒店、摩登天空设计酒店等小众酒店，精致生活系列则包括吾公馆、蓓利夫人、锋·态度酒店等品牌，不求量但强调高端多一点、精致多一点、个性多一点，代表着东呈对未来酒店市场的探索方向。程新华在2018年五大新品牌的发布间隙表达了一个激动人心的判断：一旦中档酒店供应量接近现在经济型酒店供应量的一半，中档酒店与经济型酒店的消费结构将发生逆转。

这既是对东呈过去的经济型酒店王牌“城市便捷”的激励，也是对接下来发力新品牌的前瞻。

在具体的发力方式上，程新华也有自己的考量：从产品品质上来说，应当适度超前，大胆布局获取战略要地；从产品种类上来说，应该往个性化、圈层化方向发展，为市场提供多元化的品牌供给。

这些多元化的品牌将分别塑造与多元化的顾客需求所匹配的性格，摆在面前的课题也就随之变成了“观察行业的做法，洞察顾客的内心”。

城市便捷：重新定义“经济型酒店”

城市便捷重新定义了经济型酒店，正是始于对全行业的观察与顾客内心的洞察。

在经济型酒店时代，行业内最负盛名的先锋，也是开店数量最多的品牌——如家、7天、汉庭、锦江之星……

这一阶段，行业以这些先锋品牌为代表呈现出三个方面的特点。首先是产品方面，简约、温馨是共同之处。有时候这种简约被过度强化，以至于很难“温馨”。比如这一时期的几乎所有经济型酒店都不设餐厅，而客房也力求简约。这样的产品逻辑在于“经济性”，让顾客以最低的成本获得基本合格的酒店服务。

其次是市场布局，尽管产品以经济性为最大特征，但是行业内的几大巨头在市场布局上却表现出完全相反的方向，也导致了人所共见的结局，就是在经济最发达的华东与华南地区最多，华北地区次之，随后是华中、东北和西部地区。

根据各经济型酒店企业官方网站公布的各城市可预订酒店统计显示：中国经济型品牌连锁酒店在各地区分布非常不均衡，呈现华东地区（特别是上海）分布密集、西部地区稀缺的特点。

最后是发展策略，各大品牌都有自己的侧重点，但总体而言呈现出趋同性：注重成本控制，努力营造会员体系，同时加大连锁规模。规模的好处显而易见，规模越大，越容易控制成本。

产品的精简性、市场布局偏重发达地区、发展策略上追求规模化，正是经济型酒店时代的三大特征。

虽然那个时代成就了一批行业知名品牌，可是随着时间推移，这些特征的另一面渐渐显现出与顾客需求日益背离的细节——消费者的支付能力日益增强，对于产品的挑选门槛再度调高。经济型酒店刚面世时，其门槛在于客房比传统的小招待所更干净、更安全、酒店设施更齐全，而现在，更多的消费者正在追求比经济型酒店产品更有品质的替代选择；在市场布局方面，发达地区的客流量、高消费水平等曾经都是经济型酒店功成名就的原因，可是随着物业租金、人力等显性成本与供应链环节等隐性成本剧增，人们发现“经济型酒店”已经不再经济，与中档酒店相比，其价格优势正在被岁月抹平；规模化发展方面，经济型酒店产品千人一面，同质化严重，品牌性格模糊，产品价格相差无几，导致品牌识别度低，顾客忠诚度随之飘散。一位顾客在面对两家几乎一模一样的经济型酒店产品时，唯一的选择标准就剩下“谁的价格更低”，而在成熟的商业世界里，价格战是最经不起时间考验的策略，最后的结局很有可能是没有赢家。

同样是来自这个时代的产品，城市便捷在内外两方面原因的共同作用下，最终走出了一条差异化道路。

内部原因方面，程新华从创立这一品牌的第一天起就从未将其作为重资产经营，而是希望通过输出酒店管理价值，换取市场回报。这种经营逻辑导致其作为新创品牌必然经历更漫长的市场培植期，通过扎实的酒店管理成果去培植市场信心。而在当时的行业巨头们身上，其产品更像是速度与激情的结果，经济型酒店变成了一种充满了快速思维的产物——迅速占领市场，迅速攫取流量，至于流量如何变现，则留给下一个时代……

城市便捷的差异化之路，始于保守的产品逻辑，而外部原因则显得有些无奈，因为城市便捷在很长时间内缺少规模化所需的资金支持。程新华也曾一度希望能够获得支撑其酒店业雄心的资本，可是实践证明，这样的资本将很可能导致他对产品失去应有的控制。

早年间在深圳的制造业经历让程新华偏执地认定了唯一的方向：任何行业，必须以产品作为永续根基，一旦出现与产品相悖的情况，只能选择产品，而不是其他。

城市便捷是这一经济型酒店时代的另类，也就此确定了永远的基调。时至今日，东呈在行业内为人称道的也不是他们耀眼的酒店数量、创新的金融服务、国际化的事业版图，而是简单的四个字：产品能力。

这也是程新华洞察到的顾客痛点，他在设计城市便捷产品的第一个瞬间就选择了那些希望拥有比普通经济型酒店更好一点的酒店的顾客，这一群体的内心写照也是大多数普通消费者的真实心声：酒店，就应该有个酒店的样子。

攻守平衡：中档酒店时代的“兄弟护盘”

东呈从城市便捷为根基的经济型酒店市场走向中档酒店市场的两个开路品牌是2014年发布的宜尚、怡程。

此时的大众消费市场已经出现了非常明确的上升趋势，消费升级让各行各业都诞生了杰出代表。而在酒店行业，产品升级之战也早已打响。尽管“中档酒店”在中国至今没有一个明确的概念，不过从最直接的价格来看的话，基本都在450—600元/晚的区间内，软硬件水平相对接近，强调设计感、个性化的服务体验等。

全季、和颐、亚朵、维也纳是中档酒店时代的典型案例。这四个品牌的单房装修成本和物业面积等指标或许能最直观地呈现各自的特点，一份来自酒店行业网站的公开资料显示：全季的单房成本约为10万元，整体物业面积为4000平方米到1万平方米；和颐的单房成本约为12万元，物业面积为7000平方米到2万平方米；亚朵的单房成本约为12万元，物业面积为4000平方米到1.5万平方米；维也纳的单房成本同样为12万元，物业面积为3500平方米以上。

可见，4000平方米与12万元这两个指标可被视为中档酒店的两个硬性指标，两项指标均为经济型酒店的两倍左右。

从品牌归属来看，全季是华住旗下的中档品牌，而华住也是国内第一批实行多品牌战略的酒店集团；和颐归属于如家酒店集团；亚朵成立于2013年，倡导建立“新中产品质生活的入口”；维也纳从2009年正式转型中档，实际上走了一条从经济型连锁酒店直接转变为中档连锁酒店的道路。

在市场布局方面，全季依旧延续了华住的一线城市战略，以城市核心地段为布局首选；和颐起步于2011年，主动向二三线城市下沉，同时兼顾一线城市；亚朵则以极致的产品品质与超强的品牌联动能力塑造出一种互联网式的生态衍生路径；维也纳则走出了被业界称为“农村包围城市”的扩展策略，有数据显示，从2017年年初到2018年年中，维也纳平均每12.8个小时新增一家门店。

据不完全统计，目前国内的高档酒店只占5%，中档酒店占8%左右，经济型酒店占比则高达86%，与中国的金字塔形结构不同，美国的高中低档酒店占比分别为49%、40%、11%。

消费升级令中等收入人群无法再忍受经济型酒店，而中档酒店8%的供应，也远远不能满足市场需求。

高档酒店在“降维”，经济型酒店则在“升级”，国际品牌如希尔顿，有中档的希尔顿欢朋酒店（与铂涛集团合作）；中国本土的华住，有中档的全季、星程；一开始就发力中档的亚朵，则是靠品牌联动与商务拓展合作另辟蹊径。

在中档酒店时代，如何在其他品牌林立的环境下继续差异化之路成为东呈在2014年的终极大考。

宜尚与怡程的发布，正是出于这一目的，其中的品牌分隔又表现出一种温和的过渡。

宜尚在本质上是一个介于经济型酒店与中档酒店之间的过渡者，类似于麗枫酒店之于铂涛集团，是探索中档酒店的先驱。宜尚定位于中端酒店连锁品牌，目标客群为30—40岁的商旅人群。在产品设计风格上突出表现“千禧一代”个性的简约时尚，配色也更加活泼跳跃。

宜尚在经历了三年的过渡型市场实验之后，在2017年迎来了品牌升级，在这一升级的背后是一个正在高速变化的消费逻辑：大多数经济型酒店都已经老化，并没有得到很好的维护，价格上也没有像以前那样经济实惠了。这恐怕是现实中消费者放弃经济型酒店转向中档酒店的心理独白。经历了一段时间的爆发式增长之后，同样的问题也在中档酒店出现。

在中档时代的开端，开发一家4000平方米、95间客房的中档酒店只需要1.5亩土地。管理和拥有这些资产便能看到很高的利润，营收比可能高达30%。这曾经是许多酒店业主的美梦，然而经历过速度上的爆发式增长之后，中档酒店的投资回报魅力值正在下降，需要对产品进行升级。

宜尚的产品升级迭代，正是为了满足以80后、90后为主力的年轻消费群体的需求，宜尚2.0通过更好的接待服务、更健康的早餐搭配、更时尚的饮品供给、更优质的睡眠保障、更年轻的娱乐体验，全方位提升顾客的酒店入住体验。

宜尚2.0散发着时尚、精致和创新的气质，但产品升级有更重要的目标——效率提升。跨界大堂、灵动客房、时尚餐饮，都是从功能性方面去满足客人需求，同时兼顾效率提升。

宜尚的一端连接的是城市便捷，另一端则过渡到怡程。怡程定位于中高端商务连锁酒店品牌，目标客户包括企业高管、私营业主、中高级会展客源、中产家庭休闲度假者等。品牌的核心产品与服务理念聚焦于轻奢空间、国际餐饮、格调服务，为那些“时尚、品味、自信、亲和”的商务精英提供多维度的精致商旅体验。

显然，在品牌定位上，怡程的内涵更加丰富；设计风格上，强调“东方芯，西方形”；功能方面，怡程比之经济型酒店增加了会议空间、健身房等设施；价格方面，怡程在全国主要城市的门市价大多处于450元以上，约为经济型酒店价格的1.5倍。

宜尚与怡程在2014年的诞生，表明程新华终于决定加入中档酒店时代的战局，但是战斗的姿态并不激烈。他依旧是那个“从不冒进的冒险者”，这种冒险为日后的多品牌策略埋下了种子，正因为始于2014年的产品试水与思维碰撞，让他在此后三年的时间里积累了充分的理由，并在三年后以连续发布五个新品牌的方式实现了爆发。

在这段积累的日子里，东呈的“大聚焦，小细分”作战逻辑开始成形。以宜尚为例，作为初入中档酒店时代的过渡者，逐渐走出了差异化之路。这就是被东呈称为“兄弟护盘”的攻守平衡打法。

宜尚的兄弟品牌是宜尚PLUS，与宜尚的过渡者角色不尽相同，宜尚PLUS是以宜尚为产品基底，加入了精致北欧生活元素的中高端酒店品牌。但是与此同时又与定位于中高端连锁品牌的怡程明显有别，宜尚PLUS的最大特色就是其明确提出了“北欧生活方式”，而生活方式是中档酒店市场最具吸引力的细分方向。亚朵酒店正是以生活方式作为品牌起源，塑造出一种具有人文气质的品牌性格。

宜尚PLUS为什么要将北欧生活方式融入品牌文化中呢？背后的故事是这样的：程新华在北欧旅行的时候被北欧人的生活方式深深打动，北欧五国包括瑞典、芬兰、挪威、丹麦、冰岛，在这些世界上幸福指数最高的国家生活的人们，他们的生活里有三个“宜”：宜人——人与自然连接，强调材质感受和温暖连接；宜心——人被悉心关注，强调服务品质；宜居——居所时尚、品质、精致，强调体验感受。程新华希望宜尚PLUS能将这种生活方式融入其中，为差旅人群提供“幸福差旅”的出行体验，从餐饮、客房、服务等各个维度营造全新的差旅幸福感受。

幸福是什么？这既是一个哲学命题，其实也是一个很现实的生活命题。宜尚PLUS试图解决的正是这个问题：幸福是吃到健康新鲜的早餐、新鲜烘焙的曲奇和新鲜调制的咖啡，给一天注入满满的能量；幸福是随处可见的暖心笑容与周到贴心的服务；幸福是水泥森林里身心舒缓的场景营造…… “Let’s fika”，北欧人喜欢就这样吆喝着三五好友，一起上咖啡馆享受一段轻松愉快的时光。

宜尚PLUS正是将北欧人推崇的“FIKA幸福哲学”融入了酒店大堂与客房，浓郁的咖啡与层次丰富的糕点，构成了宜尚PLUS“幸福＋”哲学——全棉麻亲肤用品、浓情挂耳咖啡、5＋2幸福甜点、包裹式客房沙发与床背宛如在家入眠、48种丰盛早餐、多功能餐厅全天候服务，让顾客感受“幸福在途”。

宜尚与宜尚PLUS这对兄弟，在程新华的设计中，一个偏向防守，一个偏向进攻，两者互为攻守，进退自如，形成差异化发展，也为将来消费升级和品牌升级预留空间。

单房造价上相差两到三万元，房价上相差50—100元，一旦消费升级加速，弟弟就可以接棒哥哥，将市场规模做大。

这种策略也将在更多的品牌中得以呈现，其中也包括城市便捷，城市便捷的兄弟品牌或被命名为“城市精选”，品牌思路依旧依托于“消费升级”。

“程”系列：高端格调×经济效率

“兄弟护盘”可谓东呈在中档酒店时代最突出的方法论。不仅宜尚、城市便捷着手应用这一策略，怡程也不例外。

怡程的兄弟品牌是瑾程，与宜尚PLUS的北欧风格明显不同，“程”系列的精神内核是另一个概念。

在东呈向上生长的过程中，一个来自过去却事关未来的概念被加以强化，这就是“东方生活方式”。“程”系列被定位为这一概念的酒店载体，其目标顾客则是中国中高档酒店行业里真正的“头部用户”。

之所以将“东方生活方式”作为怡程与瑾程的文化内核，源于程新华对于外部世界长久以来的思考。

在他看来，今日中国酒店业的行业标准，事实上全部来自西方。无论是客房的设计、酒店的格局、功能设施的配置，还是酒店管理的方法、生活方式的规划，都是西方的。

这当然是有原因的。现代酒店业诞生于西方，在酒店标准逐渐成形的过程中又伴随着贸易全球化。西方人作为现代工业体系的推动者，造成的结果就是将他们的文化带到了全世界。

而东方美学与生活方式，正随着以中国为代表的东方国家的崛起而表现出强劲的生命力。与此同时，过去的酒店行业内以西方文化为首的“异域文化”正在被更加包容且多样的“多元文化”所取代。

在这一层面拥有共识的酒店集团尽管不在少数，但真正付诸实践的企业却不在多数。

目前在世界范围内主打东方文化的酒店屈指可数，比如香格里拉、文华东方。但是这些品牌有一个共同之处：由于其酒店产品定位于高端形态，因此从规模化角度却难以复制。文华东方在全球运营着不到50家酒店，香格里拉倒是超过了100家，可是其在理念上更偏重亚洲情怀而非纯粹的东方文化。

也是出于同样的原因，这些杰出的酒店品牌内涵中，东方文化内核实际上依旧是一种“异域文化”，而非具有普世影响力的主流文化。

东方文化内核的酒店寥若晨星，一方面源于此事难以坚持，另一方面又恰好契合东呈的自身优势——“程”系列的东方文化内核作为一种产品标准，将有机会被应用到东呈旗下的所有品牌中，规模化的优势将反过来重塑这种东方标准的世界影响力。

因此，东方生活方式既可以被视作东呈的“程”系列品牌的差异化选择，从程新华的个人角度而言，也是对于未来酒店行业主流方向之一的超前布局。

“程”系列品牌作为诠释和弘扬东方文化的主流品牌系列，将“东方芯、西方形”完美融合，无论是建筑设计的硬件塑造和材质，家具器具软装的甄选，还是餐饮茶艺的配套服务，以及香薰沐浴手礼的供应，都将东方美学渗透到每一个细节中。

在具体的品牌设计与产品规划中，“程”系列也被注入了诸多令人耳目一新的元素。

经济型酒店集团步入中端市场，有两种典型的路数：一种是铂涛式的，另起炉灶打造新品牌；一种是华住式的，在经济型酒店的基础上升级出全季。

东呈则是致力于打造精选服务酒店，它不是经济型酒店的“加”，或者全服务酒店的“减”，而是做乘法。东呈把星级酒店、全服务酒店最精髓的东西抽出来，其中最核心的东西是专业与人性化的结合、细致与尊重的服务，可概括为格调，这是星级酒店的灵魂。经济型酒店的灵魂则建立在对于有限服务的精选基础上，可概括为效率。它给消费者的感觉是快，找酒店快、入住快，因为没有过多的服务，所以服务也快，因此叫快捷酒店。

“程”系列的乘法，指的是将消费者最关切的服务从高端酒店的全服务型产品中精选出来，再结合“快捷”的效率，最终呈现出一种有别于一般产品的独特类型。

亚朵的人文、书籍、摄影，或者全季的所谓“三无”美学——无设计、无主题、无惊喜，都是中档酒店的差异化特点，而“程”系列的品牌差异化追求的是另一种维度。

和传统酒店追求很安静的大堂不同，东呈追求的是具有社交功能的超级大堂，他们的大堂里有酒吧、餐厅、厨房、休闲区，就像一个家庭的厅堂，各种社交都在其中，包括会客聊天、喝茶喝酒、看看书，还可以带着笔记本电脑处理工作。

为什么要设计超级大堂？因为这是最高坪效（每平方米的产出）的做法。大堂是一种有感的空间，消费者认为大堂的大，和房价有一定关系——没有绝对关系，有些大堂大得很难看、很空——如果客人感知到大堂是个很舒适的空间的话，他会认为这个酒店高档一些。

把大堂作为入口，让酒店最直观地提升档次、提高定价，而把成本压低，中间就是获利空间。

再以“程”系列的时尚早餐服务为例，卖相很重要，同样一份餐品，装在不同的盘子里，价值是不一样的。餐饮要满足消费者对审美的要求——再直接一点，就是拍照的需求。怡程和瑾程的早餐，准备了几款让客人有欲望先拍完再吃的。同样的，还要满足顾客在大堂拍照的需求，所以非常明确地设计了几个拍照点、叫人眼前一亮的爆点，让顾客自拍。

在产品设计上，怡程有40%的空间留给落地设计师因地制宜地去发挥，不是通过增加成本来提升房价，不是多贴点大理石，让顾客感觉很土豪。舒服、有文化、有调性的东西，在精神层面能让人感受得到的东西才是核心。但装修又不能太简单，不能给人感觉粗糙，而要精致。所以设计师曾对东呈人说：“设计你们这种酒店是最难的。”

如果是五星级酒店，房间六七十平方米，上无造价封顶，把最好的材料堆上去就行。但“程”系列不是这样，而是要求在25平方米的空间，把洗手间做到五星级酒店那样，洗手间大了之后，睡眠区间缩小了，但还要体现舒适感。

“程”系列的目标顾客缘何被视作真正的“头部用户”？在瑾程的品牌规划中，“思、闲、雅、乐、逸”被融合到酒店产品与服务细节内，顾客被定义为“东方新雅士”。

所谓“东方新雅士”，是怎样的一类人？瑾程的故事主角正是这样一群人：他们“骨子里面很东方，表现形式上很国际”。比如演员陈坤，他是集万千宠爱于一身的明星，曾经辉煌过，却也抑郁迷失过，而后打造多个励志公益项目，用自省的方式度过迷茫，通过自己的付出为世界传递一份正能量，他是浮躁世界里的智者。程新华自己也是一个“东方新雅士”：傻到辞去铁饭碗，勇闯商海，不听劝阻白手起家，坚持着酒店的梦想，尽毕生之力，不拘一格降人才，有理有据有节，谦虚内敛踏实前行，使东呈成为中国酒店业的黑马；致力于打磨中国的民族品牌，让中国品牌走向世界。

在瑾程客房内，设有独特房中景，称为“三省茶舍”；融合品茶阅读与行政酒廊功能的“这厢有礼tea吧”，对标西方生活方式中的酒吧；酒店大堂有充满东方风味的瑟瑟琴声，称为“交礼式大堂”；正心、知礼、见天下，正是东方新雅士生活范本。

“跨”出“新物种”：主题酒店的玩法

如果“程”系列的新雅士生活是一种高端思考的姿态，“新物种”则是酒店行业创新碰撞的实践结果。

相比于其他品牌的行业对标，新物种的对标者更多，但是真正卓有成效的对标者难于寻觅。因为“新”，所以大家都处于摸索阶段。

亚朵是业内第一批推出跨界酒店的企业，与知名财经作家吴晓波合作的“吴酒店”是亚朵的第一家IP酒店，人们可以在那儿看吴晓波的书、品巴九灵茶、喝吴酒。在2018年刚开端的时候，亚朵又一口气请来了九个有趣的超级IP进行商业合作。

在经营策略上，亚朵推行的是“特许经营”，业主只要做三件事：找地方、装修和财务支持，整体运营管理培训体系都由亚朵来完成。

亚朵的做法有其独特性，未必适合所有酒店进行复制。在程新华看来，这种以“跨界”为标志的创新，又分为两种方向，一种是“酒店＋”，另一种是“＋酒店”。

“酒店＋”是在空间运营上做文章，将酒店变成更高效、更有投资价值和更高投资回报的空间。“酒店＋”可以加很多东西，无限的想象空间，本质是空间共享。当然，增加新的业务，边际成本也会增加，这就是亚朵的做法。

“＋酒店”则是各种业态与酒店结合，这与“酒店＋”有本质区别。“＋酒店”的复合商业空间的出现，势必改变酒店现有商业模式，创造新的物种。未来，复合商业空间运营商将取代现在单纯酒店管理公司的角色。

2017年，东呈成立了单独的跨界创新板块，致力于成为跨界新物种的创新先锋，寻求异业合作，打造酒店新物种，在消费日益个性化、圈层化的未来，为东呈国际集团发展布局、卡位。

2018年4月，东呈与1905电影网旗下的1905数字娱乐平台合作，推出殿影艺术酒店，第一家殿影艺术酒店落户杭州西子湖畔；5月，东呈与摩登天空合作推出了摩登天空设计酒店。

6月，东呈年中开业庆典上，旗下主力中档品牌宜尚，与香港潮牌B.Duck在全国中档酒店范围内达成独家IP合作，第一家宜尚×B.Duck主题房已经于当年国庆期间在宜尚无锡中南路店上线。

在诸多跨界新物种阵营中，宜尚×B.Duck主题房正是东呈跨界创新最具代表性的结晶。

东呈的品牌跨界背后有一个不同于常见IP营销的逻辑：通过“+酒店”提升商业复合空间价值与周边非房收入。所谓非房收入，指的是除了酒店服务本身之外的收费项目，宜尚×B.Duck主题房的非房收入正在稳步提升。举例而言，即使酒店本身一天的营收只有5万元，但店里出售的周边商品销售额可以达到1万元以上。这对于有限服务型酒店而言，无疑是一笔相当可观的额外收入。

精品生活指南：吾公馆、蓓利夫人与锋·态度酒店

消费升级是多品牌策略的大背景，可有时人们对于身处的时代背景

却并不能很明确地感知。让我们借助数据来看一看，消费升级到底离我们有多近。

英国经济学人智库（EIU）发布的《中国消费者2030年面貌前瞻》报告显示，中国目前正处于消费蓬勃发展的早中期阶段，若以收入水平角度来观测，中国将在2030年成为标准意义上的中产国家。

同样是权威数据来源，福布斯中国2018年1月发布的《2018中国新兴中产阶层财富白皮书》显示："中国新兴中产阶层整体偏向年轻化……具有较高学历，接受过专业化训练，知识资本为其带来更多的财富和社会地位。"所谓中国新兴中产阶层，具有几个特征：本科及以上学历占71%，男女比例分别为54%和46%，80后占比78%，90后人群正加入这一行列。

随着中产阶层逐渐步入事业高峰期，消费升级不仅是一时之快，而是一场跨越数十年的历史进程。

这些新兴的中产人群与传统意义上的"有钱人"有所区别，那就是他们对生活方式抱有更多想象，他们极为个性化的生活习惯使得其无法接受千篇一律的"土豪"风格，反而对小众化的格调颇为中意。

而作为国内首创为商业领袖私人订制的公馆式精品酒店品牌——"吾公馆"，意在为业主打造充满主人故事和审美情趣的、私属感很强的商业空间。

吾公馆的起源要从程新华的个人喜好说起，北京、台北、柏林、伦敦、巴黎，只要他去的地方，在工作之余，他总喜欢自己一个人待在当地的博物馆，而且一待就是一天。

台北故宫博物院馆藏文物的完整艺术脉络，大英博物馆的馆藏之丰富、涉猎之广泛，柏林佩加蒙博物馆的宙斯祭坛之精美绝伦，巴黎卢浮宫博物馆里断臂维纳斯的优雅，这些都让程新华叹为观止，感慨万分。一座城市的故事，一个时代的章节，皆被博物馆静心珍藏，荡漾其间，可以细细感知那个时代的气息，那段岁月的温度，甚至那个城市的所有。

程新华大彻大悟的时刻终于在某次深夜忽然到来：这不正是让外地人迅速感知了解当地的最佳途径吗？而且值得慢慢品享。旅行是什么？旅行就是品读别人的生活，到一个城市，就要读懂那个城市，读懂那盏灯光为谁而亮——清晨的第一声吆喝，特色的问候，吃什么让人快乐，看到什么会泪流满面，街头巷尾的嬉闹，市井宅弄里的争吵，那里的欢乐，他们的忧伤……

于是，程新华开始每到一个城市，就钻进旧货市场、市井宅弄，用影像记录这些城市的故事，发展到最后，他开始收藏城市旧物，仿佛从中能看到这些城市最温暖的记忆和最动人的故事。

当东西越来越多的时候，程新华决定做一个酒店，来收藏这些城市旧物，为往来的宾客提供高品质住宿产品的同时，也提供这个城市的回忆和温暖故事，充实丰富他们的出行生活。他试图通过这样的方式，呼唤焦虑浮躁的现代人，放慢脚步，重温记忆中的美好。

在吾公馆中，你会发现沈从文先生弹过的钢琴，历经百年的鸳鸯烛台，上过新闻的永久自行车，还在等海峡对岸哥哥的孖生凳，有弹孔的收音机，还可以播放的老旧电视机，小时候装咸鸭蛋的香袋袋……

拥有城市旧物风格的"吾公馆"，将"你好，旧时光"与"慢品好时光"用可触碰的方式展现：旧物收藏大堂、客房内随处可见的复古旧物，营造出了独特的时光场景感。

老式黄包车、留声机搭配复古迪厅，吾公馆展馆内陈列的旧物，不禁让思绪穿越时空回到20世纪30年代的上海，让人不自觉放慢脚步，聆听旧物低声诉说的点点滴滴。

每个人都有情怀，每个人都有记忆，而每座城市都为每个人提供了异样的细节，用什么留住这些细节以供漫长的岁月中慢慢回味？吾公馆的故事里，藏着答案。

与吾公馆呼应的品牌是"蓓利夫人"，在品牌定位上，卖价500—800元的小型城市精品酒店有市场空间，目前这样的品牌不多，而且东呈需要这样的品牌拉升平均卖价，因此"蓓利夫人"被定位为"小型城市精品酒店"。

说起法国，以巴黎卢浮宫、普罗旺斯薰衣草田、戛纳海边风情等为代表的一系列法式浪漫与优雅会不由自主地浮现在人们的脑海中，而蓓利夫人的身上处处彰显着这样的浪漫和优雅，是“法式人物”的典型代表。作为莫里斯（Morris）家庭旅馆的第三代传承人，蓓利夫人经营着一家由祖屋改建的家庭旅馆，生活中的蓓利夫人完全称得上是一个生活家、艺术家，品位不俗且热情好客。平时，蓓利夫人会用心装点自己的家庭旅馆，尤其热爱园艺，每一处都彰显她优雅的审美和从容的生活态度。每天，她都会根据客人喜好，为他们搭配自己亲手烹制的美食，这也是家庭旅馆一直以来备受好评的秘密所在，吃过的客人都赞不绝口。除此之外，蓓利夫人还从以自然香薰闻名的老家“普罗旺斯大区”，特别定制手工香皂和纯天然的沐浴产品，保证新鲜舒适的纯天然体验。令众多宾客都赞叹不已的还有她私人定制的SPA（水疗）疗程，一天旅途的疲劳会在蓓利夫人精选的天然香薰精油按摩中慢慢消失。

2016年，程新华在旅途中入住她的家庭旅馆，在了解了蓓利夫人的经营之道后，决定将其经典的产品和特色引入中国，并塑造以她名字命名的小型城市精品酒店品牌。

家居式大堂，进门就是回家；花园餐厅，享受地道法式甜点；四款法式家居主题客房，给人带来不同的感官体验。

东呈的另一个精致生活类酒店品牌是锋·态度酒店，这是东呈给年轻人们的礼物。管理学家陈春花在专栏文章《传统的管理已经远远不够了》中这样描述年轻人：“我常常遇到管理者跟我说，你能不能教我一下把年轻人调整过来。我说你得调过去跟他一致，因为你是被淘汰的那一个，他是活得比你长的那一个，你得接受他的价值观……”

程新华对年轻人们的生活方式非常好奇，并且绝不排斥，因为他是“深圳与时代的年轻人”。“锋”的目标顾客是有范有趣有态度的青年，他们多元、跨界、很酷，因此要为他们打造独特的硬件系统和内容系统。

“锋”是什么？是雷锋的“锋”，疯狂的“锋”，锋利的“锋”，先锋的“锋”。

在2018年年初的第一届东呈国际橙呈节上，对于锋·态度酒店的描述是这样的：“在这样一个标榜个性、时尚的崭新时代，酒店不再是因为出差、旅行而落脚的地方，入住酒店可以代表着一种新鲜、沉淀、精致、优雅、有趣、随心所欲的生活方式。东呈特别为追求个性的年轻人打造了青年潮牌酒店品牌——锋。锋·态度酒店颠覆了传统酒店观念，给年轻人酷劲十足、随时随地随意‘出锋头’的空间。”

自由大堂可办公、可开会、可独处、可欢聚、可玩，不同主题客房可开派对、可开黑（玩游戏时，可语音或面对面交流）、可玩聚、可组队，因为年轻有趣、有范、有态度，一切皆有可能。

这种极端个性化的产品设计并非中档酒店业内通用的做法，程新华的逻辑是：除了让消费者满意，还要让投资者满意。怎么达到这之间的平衡？消费者希望价格低一点，投资者希望价格高一点；消费者希望酒店的成本高一点，投资者希望成本低一点。东呈的中高端个性化定制品牌正是要解决这个矛盾，既要成本低价格低，又要让消费者觉得是高价值的。

要解决这一问题，首先在酒店设计上就不能“全外包”，国内有不少品牌在策划产品时就错了，以为找个设计师就可以做了，这是很常见的错误。东呈给设计师的任务书，将品牌策划写得清清楚楚，要求设计公司实现任务书上的主题，而不是请设计公司帮忙想一个“主题”，作为标签贴在酒店。

怎么在“产品＋服务＋体验＋企业文化＋……”的综合体中创造价值，正是未来中档酒店的最大竞争要点。谁能通过创造价值给消费者带来性价比，给投资者带来投资回报，谁就能在品牌竞争中胜出。

在更加具象的品牌大战中，东呈专注于中端段位，才有可能与其他在数量级上很庞大的品牌进行竞争。由于刚刚进入这个市场，所以在精选服务酒店这个层面，其他品牌并不一定更具优势，除了资金优势之外，在对产品的认识、对于运营的经验、对这个段位的研究和理解方面，东呈都拥有足够的自信。

非标准的标准：隐沫、柏曼、精途、铂顿的新生命

东呈非标准化酒店品牌的成因包括三个层面：第一是不完全符合行

业标准，不能简单定义其属于哪一类酒店的产品，比如东呈的非标度假酒店品牌——隐沫；第二是不符合东呈的标准，但会尽量贴近这套标准，比如东呈旗下的柏曼、精途；第三是介于酒店与住宅之间的物业类型，比如铂顿国际公寓。

非标准酒店品牌的对标者显得有点复杂，亚朵的IP酒店就是典型的非标准产品，但是亚朵也有一些底层标准在其中。

逻辑是一样的，正如“蜂窝煤理论”的要义所在：多品牌并非散乱无序，而是建立在同一的底座上。这个底座，是东呈“再多一点”的经营理念，也是多年来构建起来的酒店标准。

因此，东呈的非标准化品牌看似各不相同，实则存在高度统一的品牌基底。

隐沫是非标准化的度假酒店品牌。之所以要将品牌定位成非标准度假品牌，还是因为差异化选择。

度假酒店看似与普通酒店外观相近，实际运营中存在天壤之别，比如营销方式、收益管理、人员管理层都不相同。经济型酒店讲效益，度假型酒店讲究体验。收益方面，度假型酒店的季节性特别明显，以一周为单位，通常高端商务型、经济型酒店各自占去周二到周四、周二到周六的消费时间，度假型酒店则基本只占据周末。商务型与经济型酒店在节假日可能不是入住高峰，而度假酒店反而在节假日议价能力最高。

同时，度假酒店的溢价存在独特性。经济型酒店和商务型酒店很多时候追求性价比，但度假酒店并非如此。顾客的喜好和心情是主要的，景区里的一些酒店价格很高，实际是周边景色带来的价值，而不是酒店本身的价值。

那是不是意味着度假酒店本身的品质不重要？当然不是，优秀的度假酒店一定要与景区融为一体，由此而来的基本逻辑就是：度假型酒店的体验感更强，人员互动也更强。

隐沫的品牌切入点正在于此。隐沫度假酒店的最大特点是本地化——将酒店所在地的特色人文、美食、生活方式等结合在一起，通过组织一些体验活动，打造体验游玩之路，向市场推出目的地旅游。

在品牌概念上，隐沫有三个沉浸：沉浸于当下，沉浸于当地，沉浸于当中。沉浸式的体验一定是非标准的，比如云南大理的很多小客栈，体验感十足，但是这样的非标准产品难以复制。一是因为单体酒店缺少复制的资金，二是缺乏标准化的底层运营手段。东呈作为标准化的酒店管理企业，恰好具备这两个要素。

如果说隐沫的非标准化是由于独特的体验感只有沉浸于当地才可获得，则柏曼与精途的非标准化是由于这些品牌的原有酒店物业已经具备了一定的运营基础，如果全盘改造为标准化的东呈原创品牌，加盟商的投资成本会增加，以“经济效率”衡量，这样的全盘改造也并不必要。

因此，柏曼与精途另辟蹊径，打造出了自己的品牌语言：柏曼由全球排名第一的美国酒店设计公司HBA操刀设计，以极致外观、雅致大堂、别致客房为产品特色，致力为现代商务精英提供轻奢兼具艺术感的社交环境及高品质的住宿体验。

柏曼坚持一城一风格，一店一设计，一样的品牌，多样的体验。通过设计和艺术人文的软装，打造城市中心的艺术地标，使其成为商务精英商旅中的休憩乐园。

精途则突出“可靠”的品牌调性，以“友善、成熟、可靠”作为品牌基底，为35岁至45岁的成熟商务人群提供高性价比的精选旅途体验。在精途酒店中，加入了东呈首创的“云酒店”概念，以移动互联网思维创新的酒店管理与运营模式，打造以“轻、连、聚”为三大特点的O2O（线上到线下）营销和服务平台。

这种可靠的“云酒店”思维体现在诸多细节之中：360度在线全景看房；微信智慧服务；将手机作为前台客服；引入微信打赏机制，激励酒店不断创造感动式服务……

铂顿的非标准化则是源于一种全新物业种类——酒店服务式公寓。以精致典雅的尊享空间，以及星级酒店式的品质服务、灵活创新的商业模式，赢取市场中高端人群的口碑。

铂顿国际公寓的目标客群定位于25—45岁的城市商务精英，年收入

10万—30万元，活跃在城市之间，从事商业、技术、教育等工作，思想开放，追求时尚，喜欢居家情趣与自在随意的入住体验。

铂顿国际公寓在产品设计上同样采用“一店一设计”的灵活方案：在品牌文化内涵上，创造不同地域间的文化碰撞，透过铂顿让顾客遇见更想要的生活方式；在服务方面，倡导主动服务，创造惊喜。

公寓类产品在资本推动下层出不穷，然而大多数品牌更偏向房地产行业，品牌缔造者也多为房地产从业背景，在公寓类产品的核心服务方面缺乏市场竞争力。铂顿国际公寓则依托东呈的强大酒店管理能力，力图打造一个真正意义上的国际化公寓产品。

东呈的非标准产品是建立在不断扩大的市场规模基础上的，与原创品牌之间的区别在于：非标准化酒店是一种以“更轻资产”为出发点的产品，无论东呈还是业主，只需付出更少的成本，就能让顾客获得更高性价比的入住体验。

之所以能够实现这样的诉求，是因为所有非标准化品牌拥有统一基底，正是东呈的精神旗帜：“再多一点”的产品理念。在原有物业基础上，再多一点设计感；在传统酒店服务中，再多一点移动互联网思维；在借力规模化的同时，再多一点产品品质；在覆盖更多的目标客群过程中，让消费者的获得感再多一点。

第六章

前线思维：更好的店长，更稳的基石

一家新的酒店从筹备期到爬坡期，再到运营期的全过程中，东呈国际集团理论上只有一个人从头到尾都在这家店里。这个人，就是店长。

店长这个群体，大多数不到20岁就离开家里独自谋生，有的来自中国最边远地区，有的曾做过朝不保夕的工作，然而通过系统的训练、实践、成长，最后成为一家酒店的负责人。对于他们来说，这就是他们的人生经历由雨打浮萍到站稳脚跟的过程。

所以，在店长们的眼里，酒店不只是让顾客获得更好的住宿、餐饮、生活体验的地方，酒店更是他们要担负起几乎全部责任的地方，那是他们人生的战场。

店长就是生产力

程新华的酒店事业，始于他成功地将破败的招待所扭亏为盈。那个时候，他就知道店长对于一家酒店意味着什么。因为当他忙里偷闲地巡视酒店，聆听店员和顾客对话的时候，很显然他扮演的就是店长的角色。

一位出色的店长，能让一家酒店如愿以偿地实现最高坪效，能够让投资者赚到真金白银，能够确保顾客对酒店竖起大拇指。这里面的学问，其实就是东呈从创业第一天起就希望传达给社会的信号——我们能够创造并输出一种看得见的酒店价值。

从这个角度而言，东呈过去的成功，离不开店长的功劳；东呈以后的发展，同样如此。因为店长就是连接企业和消费者的纽带：在顾客眼里，店长代表的是东呈；在东呈眼里，店长传递的是整个市场的信息。

程新华对于未来的设计中，最根本的一点正在于此：无论顶层设计多么无懈可击，在底层实施上的问题才是真正的大问题。这是服务行业通用的道理——谁在现场把客户服务好，能在现场解决客户的问题，谁就能占领未来市场。

道理真的很简单，但是做起来真的很难。一方面，只有让每一位店长都能忠实且创新地贯彻东呈教给他们的东西，东呈才会更加繁荣；东呈无论再怎么强调“轻资产”，也绝无可能放弃“店长”这个重资产。另一方面，即便中国的服务行业普遍意识到了问题所在，但真正实现了这种“人才制造”的公司，也就一个——海底捞。

因为人不是机器，英雄也从来都不是一群，要批量化地“制造”个个出色的店长，简直比再造一家东呈更困难。但程新华又知道，他必须这么做。

在2011年被温家宝总理接见的时候，程新华对总理说，社会上对于服务行业的整体认知与评价不高，高端服务人才培养跟不上。那时候，他就非常明确地感知到了“人才”对于服务行业的切肤之痛。

也就在这一年，东呈大学正式成立，程新华有了自己的人才培训基地。当时，行业内由酒店集团独立创办的培训机构并不在多数，锦江国际集团与理诺士瑞士酒店协会酒店管理学院合作办学，在上海成立了“上海锦江国际理诺士酒店管理学院”；如家也在上海成立了“如家酒店管理学院”。

东呈大学在过去这些年，为市场上输送了一批又一批店长，这是让程新华感到无比欣慰的事情。

在巡视酒店的时候，他常和店长聊天，聊到酒店的业绩不错但是投资者还在持续给店长施压时，他就帮店长说几句话。

城市便捷白云山店就开在集团总部楼下，由于业绩突出，距离总部也近，程新华时不时能见到这里的一位姓耿的前厅经理。后来耿被调任集团总部，帮助程新华管理一些重要的集团事务。

湖北市场上负责一家新店的王店长，开创了一套行之有效的店长管理方案，很快就成为整个湖北大区的负责人。

还有一位特别能干的罗店长，梳理了数百项的新店质检清单，现在也被调往总部负责品质标准管理工作。

这些店长的成长经历说明东呈在“高端人才”培训上的逻辑链是完整的：他们在“狼营班”训练那些有战斗精神和纪律性的店长，再把他们输出到市场中实战，最后再重新调回总部工作。

“店长”这种看得见的酒店价值输出，就这样形成了一个完整的生态循环。这不仅是对东呈自身的完善，也是对全行业的一种示范。

事实上，优秀的人总是备受社会的喜爱，这种优秀不仅仅限于头脑聪明，在东呈店长这个群体中更体现为待人上的诚恳、行动上的执着、人性上的率真、成长中的不断突破。

“特殊”人才不特殊

东呈大学被称为“特殊人才兵工厂”，因为这里“制造”的店长拥有更胜一筹的实战能力。但事实上，这些“特殊”人才一点都不特殊，他们不过是将一些特质发挥到了极致。

聪明、诚恳、执着、率真、突破，这正是东呈店长们最被认可的特质。这些特质与东呈的企业价值观“以客为尊、合作分享、激情专注、结果导向”互为映衬，留下了一段段打动人心的成长故事。

1991年出生的叶店长来自广东河源，客家人。家里有五个孩子，都是女孩。她排行老四，还有一个双胞胎妹妹。叶店长说，她的大姐和二姐都从事餐饮行业，三姐在贵州的一家工厂工作。

叶店长的父亲是做门具安装工作的，母亲跟着父亲一起在外谋生。父母出门赚钱，她从小在老家被爷爷奶奶带大。

初中毕业之后，她读了商业技术学校，属于中专，就读的专业是酒店管理。18岁的时候，很多同龄人刚刚进入大学校园，而她已经读完了酒店管理专业。在学校里待了一年半，在酒店实习半年，正式毕业之后就进入了酒店行业。

刚进这一行的时候，因为只有18岁，根本没有竞争力，只能做话务员，专门负责接听顾客来电，连前台都不算。叶店长虽然年纪轻，可是心里较着一股劲，她不想只是做一个接听顾客电话的话务员。不久，她跳槽去了另一家很有名的酒店集团，这次如愿以偿，成了一名前台接待员。

前台接待员比话务员“光荣”了不少，可是她未经世事，胆子很小，店里的资深前台会用很严厉的态度去教她怎么和顾客打交道。叶店长感到有点委屈，却也无可奈何，在她的理解范畴内，出来工作本应如此。

酒店的前厅看上去风平浪静，可是如果没有家庭式的企业文化，那这个前厅的水面下一定也充满了不平静的浪花。

一年之后，叶店长成了这家店的值班经理。她说不完全是自己的努力奏效了，而是因为更资深的人无意于此，她才有了这个机会。

值班经理是一个更高的职位，以前，是别人管着她；现在，是她管别人了。但是酒店前厅的工作实在不是一个靠职位头衔就能管理好的。

有一个前台接待员，晚上值班时还有工作未完成却跑去里屋玩电脑，叶店长硬着头皮去说她。很久之后她都能回忆起当时的场景，那是她第一次以管理者的身份和别人说话，结果可想而知，对方并不买账。

对她而言，这也是职业生涯的必经之路。该做的事情要做，该走的路也要走。前辈留下来的经验总是有道理的，她就试着给大家开会宣贯，情况逐渐有所改善。

但宣贯也许只是一种形式，更关键的原因是她平时跟大家的关系处理得挺好，她很擅长与人打交道。再后来就是在这小小的前厅里不断提升，从值班经理升为前厅经理，管理整个大堂。前厅经理下面一般会配置一个前厅副理，还有一个值班经理，再剩下的就是前台接待员。

前厅经理再往上发展是运营经理，也就是常说的店助——店长助理。店助是她在来到东呈之前工作最久的岗位，一共三年半。其实做到两年半的时候她就希望有所提升，因为那家酒店的店助就相当于店长，全盘负责一家店的日常运营。就这样又挨了一年，最后再试试，公司许诺了几次升她做店长，都无疾而终。

她说自己当时虽然对职业规划没有太长远的想法，但是在那间小小的酒店里却真心渴望成长。从话务员一路升职为一名店长，就是她能看得见、摸得着的目标。

与叶店长的家庭情况相差不多，出生于1983年的田店长也是广东人，家里有三个孩子，都是男孩，他是老大。他说家里不富有，就读的是免费的师范院校，2006年毕业之后原本可以去做老师，但工资很低，每个月只有800元。

他不甘心。

来到广州就意味着闯荡，这场闯荡看上去比当老师艰难一些，是给一家知名酒店企业做销售员，销售内容是免费的会员卡。免费的会员卡为什么需要销售？因为这家酒店是互联网模式——通过发卡增加会员流量，再将流量引入酒店，发展成真正住店的顾客。田店长的销售提成主要在于持卡会员带来的销售业绩，也就是说，如果他发出去的卡没有一张被真正使用到住店这个最终环节，他就一分钱提成都没有。

好在有底薪，1800元。比当老师的800元工资多了1000元，听起来还不错。可是他说，广州是大城市，吃一顿饭也很贵。没办法，这就是闯荡的含义。

刚开始去酒店周边发展会员，经常被高楼大厦里的保安追赶，被抓住的话就惨了，所有的销售材料都会被没收。

就这样干了一年，有了一些业绩，又因为自己来自农村，能吃得了苦，升职为销售经理，底薪也从1800元涨到了2500元。

对于肯干的人来说，机会总是越来越多。他不久后跟着一个做店长的朋友去东莞的一家筹备店干活，实际上做的是店助的工作。从销售员，做到销售经理，又做了一年店助，每一年都有成长，他觉得很有奔头。

再接下来的几年，他终于做到了店长的职位，但是一直在广州城区周边，比如新塘，他接手过一家60个房间的小酒店。可女朋友一直在广州天河，两地相思苦，他希望以公司内部调动的形式回到广州主城区，试了几次，无果。

这时候已经到了2014年，有一家酒店品牌的总部刚刚进入广州，正是用人之际，这家酒店的名字叫城市便捷。

如何“制造”一位合格的店长

叶店长和田店长的故事，最终在城市便捷走到了同一条时间线上。

田店长2014年加入东呈，叶店长两年后也成了东呈的一员。他们都是那种峭壁石缝中倔强的树苗，脚下的土壤虽然不厚，却始终仰着头面向阳光，一步一步地攀爬，坚信有一天会登上顶峰。他们的故事是店长群体中的经典类型，他们也是那种对生活怀有坚定信念的人。

生活本身已经赋予了他们足够的内涵，而东呈在这个基础上将他们“制造”成了更好的人。

叶店长在东呈大学“狼营班”毕业答辩的排名是第12名，她说那一个月的培训是她人生中最困难的经历，她以前从来没意识到原来小小的店长有这么多的学问。

“狼营班”的训练不只是这些“学问”，还有实战。有一位罗店长，在“狼营班”最大的收获居然是当了一回“间谍”。出生于1985年的罗店长是江西人，这次充满冒险意味的经历发生在2015年“狼营班”第24期。

罗店长说，当时培训过程中就会有各种模拟经营，还要求去店里实践，比如加盟商签协议、会员微信注册等实战中会遇到的环节，最后会有一个评估。评估是怎么回事呢？就是给学员分配一个门店，可能是东呈自己的门店，也有可能是行业内其他品牌的门店。让学员去这个门店实地体验、观察，把门店存在的一些问题总结出来，并给出解决办法。

“狼营班”的最后一天，就是将上述内容形成的PPT（演示文稿）呈现给大家，学员要在台上讲解，台下坐着评委会，会给学员打分。分数够了，给予通过，可以去担任店长；分数不够，不予通过，建议先从店助做起。

罗店长被分配到的那家门店不是东呈自己的酒店，这下难度就更大了。那家店位于广州白云机场附近。罗店长找到这家店的店长，因为大家是同行，其实也没有必要隐瞒来意，说明原委之后，这家店的店长却并不完全配合。

罗店长只好住进了这家店里，希望通过亲身体验来完成这份调查。他发现这家店的经营状况很好，每年的营收能达到近2000万元，主要原因就是地段很好，紧邻机场，客流量充足，议价能力强。

但他也发现了一些问题，由于经营状况不错，酒店的硬件设施维护就显得有所滞后。人员管理上也存在缺陷，导致这家店的服务状况不尽人意。

这些都是表面文章，最关键的是这家店的经营数据难以搜集。这家店的店长不愿意配合，怎么办呢?

罗店长在退房的时候抓住了一个机会，值班经理在大堂的一台公用电脑上上网，期间他离开了一小会儿，罗店长正好经过，就大致看了几眼，发现电脑显示的居然是这家店的一些数据。

有店员过来询问，他就说我想了解加盟的流程，顺便了解一下店里的经营情况。就这样，罗店长通过攀谈，对这家店的基本数据有了底。其实，酒店的经营数据在行业里算不上什么秘密，东呈的很多经营数据都是公开的，在官方网站系统中就可以查到。

对于罗店长而言，这段特殊的实战经历让他记忆深刻，那是他第一次以东呈店长的身份去完成一项任务。

店长人数众多，并不是每一个都像叶店长、田店长、罗店长这样优秀，东呈在“制造”更好的店长时，也不能确保百分之百制造成功。但这是他们的目标，要实现这个目标，就需要设计一种工业化的制造体系，这就是东呈的店长工作指引与店长工作评估制度。

店长工作指引包括三大部分：执行力考核、顾客满意度考核、销售考核。

执行力考核包括七项内容：早上九点半在微信群共享昨日销售数据；每日签到考勤；每月16日前上传店长月工作总结；区域周例会、专题会、月例会的参与情况；上班、会议、学习期间是否按规范着装；每月夜查两次（24点以后），消防培训演习一次；是否按时上传区域、总部布置的其他工作。

顾客满意度考核包括四项内容：慧评（酒店口碑管理平台）、自有会员的得分不低于95，差评率低于0.3%，回复率100%；质检总得分高于87分，且整改合格率高于95%；质检总得分高于80分，且整改率高于80%；电话服务暗访达标。

销售考核包括四项内容：每天14点、19点、23点上传房态图；店面会员卡售卖指标达成；微信发展（会员）、预定、预付占比达标；协议开发指标达成。

与店长工作指引并行的是店长工作评估制度，其包括两大项：营销指标、顾客满意度指标。

营销指标分为七项：预算完成率、会员卡完成率、微信完成率、时租房完成率、中央预订完成率、中央预付完成率、协议完成率。每项满分为8分。

顾客满意度指标分为六项：慧评得分、自有会员得分、慧评和自有会员回复、差评率、综合质检得分、质检整改完成率。前四项各占5分，最后一项4分。占比最高的是综合质检得分，其满分为20分。

综合质检这本“天书”

“综合质检”为什么在店长工作评估制度中占到了20分？因为综合质检是从制度层面确保东呈的酒店胜出一筹的硬性标准。这套标准多达383项评分内容，称其为“天书”一点都不为过。

综合质检清单共有五大质检区域，分别是：公共区域（85项）、前台区域（57项）、功能区域（39项目）、客房区域（99项）、后场基础管理（103项）。

其中的很多细节不仅令人震撼，更是直面问题的解决之道。

比如在后场基础管理中有一项是“抹布管理”：抹布不得少于三套，

用一、晾一、备一（即一套使用，一套晾晒，一套备用）；对四色抹布的使用严格按照抹布使用规范执行（客房服务员能正确说出某种颜色抹布对应的擦拭区域）。

这个细节看似不起眼，其实针对的是酒店行业多年以来为人诟病的根源。2018年11月15日，网络上曝出国内多家五星级酒店存在卫生打扫不规范的问题，比如服务员用房间内的脏浴巾擦拭马桶、杯具。这不是第一次曝出该类问题，也可能不是最后一次。

叶店长被问到如何看待此类问题时非常坚定地说，至少，在她负责的酒店里没有出现过类似的问题，因为从制度上就进行了杜绝——第一，工作人员打扫卫生的第一步是强制标准：必须先把房间内用过的布草全部撤出房间再开始打扫工作；第二，就是综合质检清单中标明的上述细节：抹布分为四种颜色，分别用来擦拭客房内不同的区域；所有抹布严格管理并且用量充足，杜绝脏抹布重复使用。

针对网上曝出的问题，也有不少资深人士指出，解决此类问题其实并非难事，给服务人员备好充足的抹布并分类使用即可。

然而，正如我们早已熟知的那个真相：简单的事情，并不容易做到。关键在于酒店的经营者无论从个人理念还是制度安排方面，都必须在一开始就把这些细节当作酒店安身立命的根本。

在综合质检清单中还有很多诸如此类的细节规定，几乎覆盖到了一家完美的酒店应该做到的每一个细节。

比如，同样是后场基础管理中的消防质检：消防中控主机必须24小时有人值班（混合物业的消防中控主机是无人值班的，酒店前台须安装二级火灾报警器，由前台负责24小时监控）；消防喷淋系统末端压力表读数为0.4Mpa；店长代表酒店与各部门负责人签订安全责任书，这些负责人包括安全员、值班经理、客房主管、工程师、厨师。

客房区域中的细节与顾客体验的关系更直接，比如灯光开启符合公司标准（插卡取电即亮的灯包括廊灯、夜灯、床灯、卫生间筒灯及镜前灯）；客房网速包括Wi-Fi（无线宽带）必须达到上行速率10Mbps，下行速率则需达到“房间数×0.5”Mbps；卫生间热水温度保持在39℃—46℃，并且10秒内出热水；卫生间内的面巾、浴巾、地巾配备齐全，无抽丝旧毛边现象。

睡眠区的细节标准甚至到了“变态”的地步：电话机听筒线呈现S形，无卷曲；纸巾存量不少于1/2；家具无烟痕（累计面积不超过5cm^{2}或不超过3处）；电热水壶的摆放要求把手朝外右侧，与墙面成45度角；垃圾桶摆放于机顶盒下方紧靠书桌侧里面内侧，垃圾袋袋缘贴紧垃圾桶外壁，袋口扎紧，扎口朝内；茶几摆放于沙发正前方居中，距离20cm；两个抱枕呈菱形摆放于沙发中间位置，两个抱枕的交接点刚好对准茶几上的烟灰缸；衣架挂钩朝内，悬挂于房间衣柜内，由内往外依次配置为带夹裙架2个、普通衣架4个……

程新华一直强调的“再多一点”，事实上就是从这些事关每位顾客的每个细节中得来的。“再多一点”不是一个虚幻的概念，恰恰相反，这是一个无比实在的概念，因此拥有直指人心的力量。

让酒店赚钱，就是店长的硬实力

说一千道一万，店长的硬实力其实就一条：让酒店赚钱。能让酒店赚钱的店长，是这个行业里最值钱的资产。

大多数人的工作并不能直接体现价值，对于叶店长来说，这却不是问题，因为她有很多办法让酒店赚钱，这就是她的价值。

2015年开业的城市便捷广州淘金店在叶店长接手的时候面临业绩下滑的困境，她回忆说自己其实压力特别大，化解这种压力的办法就是努力工作。

第一种是常规销售手段，叶店长带着店员们在酒店附近派发宣传单页，为了提高派发成功率，还捆绑派发一些纸巾之类的实用物品；然后是派车卡——有车的人时常会在车窗上发现一些宣传的小卡片，尽管不少人觉得这是一种骚扰式营销，可是对于叶店长而言，这种办法确实行之有效，在卡片的文案上也尽力体现诚恳与热情，而不是那种不负责任的假大空式宣传口号。

第二种手段是和酒店旁边的两家宾馆联合营销。所谓联合营销，其实就是共享客源。为什么别的宾馆愿意向城市便捷共享自己的客源呢？叶店长用的是最直接的方法——让利。她和宾馆达成协议，以黑金卡的折扣价出让房源，只要对方带客人过来，就能以较高折扣价与叶店长结算，而这家宾馆与客人结算的价格是高于折扣价的，这样对方就可以赚到差价。

这种手段在平时不好用，因为叶店长也不希望客人多花冤枉钱，但叶店长刚接手时正值一年一度的广交会，很多国外客户根本找不到房间，好不容易到了宾馆却被告知满房，只能求着宾馆帮忙并明确表示愿意多花一点钱。

第三种手段是去更远的地方“拉客”。叶店长那阵子招呼店员们跑到广州火车站找客人，连着去了五天，结果那段时间酒店天天客满。叶店长叫店员拉客有自己的窍门：因为工作太辛苦，并不是每个人都愿意跟她出去跑，她也不放在心上，谁愿意去就去，绝不勉强。

结果，跟她一起去的人很快就尝到了甜头。由于业绩迅速提升，叶店长找到这家店的加盟商，向他申请5000元，作为店员们的奖金。加盟商最后同意拿出2500元奖励大家，当她把奖金拿到店员们面前时，大家高兴坏了。

叶店长是一个聪明的姑娘，也是很坦诚的那种人。她知道自己的想法要执行下去，就要倚靠店里的每个人齐心协力。在平时，她很会照顾人，而在利益分配上，她也时刻想着大家。

有一次，她和加盟商“谈判”，要求为大家买社保。需要说明一点，对于加盟但非全托管的酒店而言，除了店长的薪酬福利由东呈支付，其他职员的薪酬福利都由加盟商负责。加盟商本来同意了叶店长的请求，到了掏钱的时候却又反悔了。

叶店长急哭了，她说：“大家都已经得知了好消息，现在你又反悔，让我怎么向大家交代？”叶店长百般无奈，转身走了。加盟商给她打了好几个电话她都没有接听，等到情绪平复下来，再跟加盟商谈，对方做出了让步，员工掏一半，加盟商掏一半。

叶店长不好意思地和大家说，每个人还需要多交500元用来购买社保，不知道大家同不同意。没想到员工们二话不说就同意了，还对叶店长表示感谢。

她觉得：只要你真心对别人好，大家都能感受到。后来她调去别的分店担任店长，临走时大家都流下了不舍的眼泪。

正是由于这些原因，叶店长觉得帮助酒店赚钱虽然有难度，却不是那种不可能完成的任务，因为她总会遇到一帮真心实意又肯付出的好帮手。

罗店长从“狼营班”毕业后接手的是南宁科园店，这家店属于城市便捷在南宁最早开设的一批店，但是业绩平平。罗店长回忆说出租率也能达到90%，其实算不错了，但作为一家老店，这个业绩还不够好。

而且由于是老店，店员的工作激情不够高，这家店的会员卡销售状况也比较差。

罗店长分析了原因，发现这家店的主要客源都是周边单位的协议客源，散客比较少，散客少的直接原因是这家店没有明确的门头招牌。

罗店长的办法是对症下药，第一向集团申请悬挂最新的门头招牌；第二就是在协议客源中加大挖掘力度，一是为了销售会员卡，二是周边单位变化很快，需要重新维护；第三个办法与叶店长的思路是一样的，与周边的营业场所进行联合营销，这家店的周围有不少酒楼、KTV，罗店长上门谈判，约定双方互放展架、互相推送销售信息等。

销售只是外部手段，罗店长认为最本质的还是要把酒店自身的品质做好，他带头给店里申请了新预算，用于更新店里的软硬件，比如地毯、床品、餐厅餐品，等等。

店长们的办法总是立竿见影的，总结下来有两个原因，一是他们每天都在店里，总能发现问题所在并做出应对之策；二是无论叶店长、田店长还是罗店长，都是那种心思缜密、做事细致并且目标明确的人，这样的人其实无论做什么，都会成功。

东呈如果有100个这样的店长，他们就是一家不可能赔钱的企业；如果有1000个这样的店长，他们就是酒店业第一阵营内的企业；如果有

10000个这样的店长，程新华关于未来的所有设计都会变成现实。

店长的特权与希望

东呈的店长很值钱，所以他们也有一些特权，比如每个月有四间免费房的支配额度。但是田店长说，他很少使用这项特权。

原因不难理解，酒店是经营场所，店长的首要职责就是管理好这个经营场所，让酒店的利益最大化。免费房的初衷是招待重要来宾，一般来说，经济型酒店不像五星级酒店有那么多的重要来宾，所以能不用就不用。

对于加盟商而言，免费房的存在也意味着沉没成本，不到万不得已不会动用。

但是对于顾客来说，免费房就是一种客观存在的优惠。大多数顾客还是很在意价格的，有时候甚至要比服务更在意。在价格方面，店长还有一项特权，就是房费折扣。店长可以给顾客的最低折扣是房费的7折，这比金卡86折、黑金卡76折还要低，确实是很大的特权。

但田店长说，这种特权的使用依然是慎之又慎的。就像海底捞的服务员有权利给客人免单一样，东呈的店长也有权利给顾客打折甚至免单。可是是否使用特权，取决于店长对现场情况的判断，如果顾客与酒店发生纠纷，店长是第一个做出决策的人，事实上可能也是唯一一个。

核实纠纷的来龙去脉之后，店长要快速决策。田店长说，有的纠纷确实是酒店做得不到位，这种情况下，他会和加盟商取得联系并说明情况，争取给客人打折或者免房费。

这样做的目的也是显而易见的，为了客户满意度。

特权让人有权力感，那种感觉不错。但是店长的烦恼也不少，其实是人就有烦恼，只不过店长的烦恼，有时候来得毫无征兆。

几乎所有的烦恼都离不开酒店的突发事件。有一次，一位顾客到前台投诉，声称自己的车在酒店停车场遭到了剐蹭。田店长先安抚顾客不要心急，接着就去查看监控。监控显示，进入停车场的时候没有刮痕，从停车场出去的时候有刮痕。再从监控中查找肇事车辆，令人烦恼的场面出现了：肇事车辆处于监控盲区。

田店长面前就这样出现了一个难题：顾客的车确实是在酒店停车场遇到了剐蹭，可是肇事车辆无法查找。田店长的脑子飞快地转着，如何妥善地处理这起纠纷？他很快他捋顺了思路：1. 酒店负有责任，但并非全部责任；2. 理想的方案是找到“真凶”，可是监控显示，真凶难以追查；3. 如果全额赔付，难免引发道德风险。

最后，结合顾客的赔偿诉求，田店长和加盟商沟通好了一个方案：将顾客在酒店住宿的所有费用全部退还，以此抵消顾客的损失。顾客想了想，同意了。因为很显然，汽车的剐蹭可以通过保险理赔，同时免费住宿了两天，在经济上是划算的。

这起纠纷体现了处理紧急状况时的技巧：店长需要平衡几方的利益，对于加盟商而言，这样做，平息了顾客的情绪，换回了酒店声誉；对于顾客而言，虽然没有直接获得车损赔偿，但获得了免除房费的实惠；对于田店长而言，避免了直接赔偿可能引发的道德风险，因为此类事件并非酒店第一现场——比如客房内——发生的纠纷，直觉告诉他不能按酒店服务规范进行直接赔付。

店长的工作很辛苦，与此对应的是收入并不算高，但是田店长感到很满意。一是在行业内比较起来，东呈的店长收入中等偏上，年收入在12万到15万元；二是他知道奋斗的滋味，因此能体会到一切得来不易。在酒店里，没有一个人是闲人，每个人赚到的每分钱都是扎扎实实凭付出获得的。以保洁大姐为例，底薪是2000元左右，但这个底薪是有条件的，每个月必须“做房”满300间，平均到每天是10间房，这样才可以保底；300间到350间，每间房提成6元，350间以上每间房7元；如果是续住房，每间房提成3.5元。三是高度认同东呈的企业文化，也能看到变化。田店长说虽然企业的规模在壮大，但这是一家越来越年轻化的企业，年轻意味着激情，意味着充满希望。

第七章

原创服务：疯狂又迷人的细节

服务行业在任何时代都不是容易的行业，因为当一件产品出售时，制造产品的人往往是不在场的；可是服务不一样，服务的制造者就是服务的出售者。你出售服务，你永远在场。而在场，意味着意外，意味着压力，意味着没有回旋余地。

让产品打动人需要的是精心的打磨，让服务打动人却需要更多的东西。酒店行业，是一个同时出售产品与服务的行业，这就更难了。

东呈服务的那些“第一个”

东呈对于服务的理解，起源于程新华对服务的定义。他坚信就算当初没有选择酒店行业而是在别的行业，他一样会得到一些不寻常的结果。

原因很简单，他是一个有服务精神的人——行业的服务大都源于从业者的服务意识与服务精神，而一家公司的服务则建立在创始人特别看重此二者的基础之上。

在南宁的经济型酒店里，免查房直接退房，东呈是第一个；客房内放置免费的矿泉水，东呈是第一个；打扫客房时将顾客的行李箱擦拭得一尘不染，东呈是第一个；在经济型酒店内配置免费的洗衣房并在客房内放置免费的洗衣袋，东呈是第一个……

服务是无形的，原创某种服务并将其作为标准一直坚守，既需要细致入微的观察，又需要日复一日的付出，如果一家企业能一直坚持这样做，不平凡的业绩就会诞生。

道理看似简单，付诸实施却很困难。首先，服务的核心是“认真”。而在中国经济高速发展的这几十年里，集中体现“认真”的“慢工出细活”式工作方式退居次要。其次，服务的基座是“责任”。当人们长久浸泡在“只想拥有权利，不愿承担责任”的氛围中，从而习惯于逃避责任、监管形式化，服务就是空谈。最后，服务的激发要件是“回报”。有的人天生就具有服务精神，可悲的是，这样的人总是不被褒奖，服务就随之被抹去。

东呈的发展脉络恰恰是这三个现实环境的反射：他们早期的发展不以速度取胜，而是追求产品与服务的质量；他们构建起了体系庞大的质检机制，用于量化并监督自己的服务，从而树立明确的责任；他们奖励那些全心全意付出服务的人，塑造一种“全员服务”的引力场。

在东呈的门店中，有数不尽的原创服务，他们甚至每天都将服务故事的搜集整理作为一项集团重要工作，以此鼓励东呈的员工将看不见的“服务”转化成可以获取明确回报的工作规范。

城市便捷武汉盘龙城百尚购物中心店的店员，会在顾客住店期间细致入微地观察顾客的习惯。比如当发现顾客将客房的软枕头放在沙发上而把自己的衣服垫在床头，就会知道这是顾客嫌枕头软，随即会给顾客送去硬枕头。店长说，把顾客当成自己的家人去照顾，顾客就会记住这里，下次还会来。

一位店员写道：“亲切又可爱的客房阿姨，无论每天挥洒了多少汗水，总能面露微笑。她们不辞辛苦，把每间客房都当作自己的家去打扫。”

要把顾客当成家人，城市便捷的员工首先得像一个大家庭。在广州番禺长隆市桥地铁站店，员工都被称为“家人”。每逢有家人加入，店里会举行欢迎仪式；每月第一天是激励日，大家会总结上月得失并制订当月计划；每月18日是家人大会，共聚一堂分享喜悦，也分享全员财富奖，而领完红包，大家继续满怀热情地投入工作；有员工过生日，就召开生日会，家人们一起庆祝，吃蛋糕，还有神秘小礼物；每月25日是清洁日，大家一起动手，把酒店里里外外做一番清洁美化。

服务不仅是主动创造，还要学会观察，这在客观上也要求服务员把酒店当作自己的家，对一切细节都放在心上。在宜尚南宁三月花店，有一位女顾客办理入住，当时表现得并无异常。下午五点，这位顾客来前台借用水果刀，之后又要剃须刀。服务员这时发现她神情低落，于是很快和店长去房间查看。敲门无回应，店长当即开门进入，发现地面与床上有鲜血。店长和服务员迅速取来医药箱，给顾客止血并进行安抚，随后为顾客拨打了急救电话。店长一直跟着顾客到了医院，直到顾客的家属来到医院。集团对这家店的六名员工进行了嘉奖，奖励他们在提供服务的过程中保持高度警觉。

在城市便捷深圳宝安西乡流塘店，顾客用过的充电线散乱地堆放在桌面上，服务员会拿来一个用过的卷纸芯，小心地将充电线收纳进卷纸芯，再有序地摆放在一边。顾客说，我第一次在酒店里看到有人这样做，（他们）确实不一样。如果顾客的充电线出现故障，城市便捷江西新余劳动北路店的服务员还会给顾客拿来新的充电线，并留下小纸条：“已为您用胶带粘好，但不建议您继续使用。我们为您准备了新的充电线，祝您住店愉快。”

在宜尚湖北荆门银泰城店，服务员也给顾客留下了一张纸条，上面写着：“尊敬的张女士，在打扫房间的时候发现有一双袜子放在沙发上，我已为您清洗好晾在窗台上，祝您住店愉快。”落款是“您的服务员

×××”。东呈的很多酒店都有这种为顾客留下小纸条的服务习惯，大家觉得惊喜应该无处不在——没有相约，偶遇的最让人惊喜。

城市便捷汕头大学路店，保安大叔为顾客的车辆披上自制的防晒罩，这是保安利用酒店报废的布草制作的，既做到了二次利用，又给顾客创造了增值服务。

宜尚酒店的一位店长说，“小事做透，大事做精，日常事做细，这样我们不仅会获得经济回报，还会让顾客成为我们酒店最好的推销员”。

在著名管理专家陈春花看来，没有给客人留下可以传颂故事的服务就是零服务，真正的服务是想方设法、竭尽全力去解决顾客的一切问题，看似没有问题也要发现问题，用实际行动超出顾客的心理预期。服务是行动而非形象。

服务的故事，总是让人感动。讨好顾客，取悦顾客，这就是服务令人感动的原因。

人性深处有一些对于意外惊喜的预期，所以熟人的关怀就算再多，也被认为理所应当，而陌生人的善意即使很小，却总叫人如沐春风。来自陌生人的善意建立在“无所求”的基础之上，对方帮助你、为你提供服务确实不能从你身上直接获得任何回报，但他们还是这样做了。“一个人要怎么拒绝一个陌生人对你不遗余力的关怀？”无法拒绝。

人类为某些场景而感动，心理学家称之为共情，这既是一种生理本能，也是一种心理能力。女诗人谈笑靖有句诗："我知道感动我的那一丛夏花，不一定感动你。"虽然是一句诗，却暗含着理性的东西：共情是需要有类似经历的。

酒店行业的共情恰恰是由于顾客一直受困于这一行业的种种不完美，而东呈的服务能让这种困惑减少一点。

这世界上，令人感动的服务背后一定是一些用尽全力为你着想的人，他们现在也许与你素昧平生，但只要见过一面，你就再也忘不掉他们了。

摸得着、看得见的美妙服务

化抽象为具象，是东呈服务的一种方法论。每个人对于服务的理解各有不同，如何让大家在同一个理念的引领下发挥出直击人心的服务力量就成了东呈最迫切的事。

程新华的办法就是把抽象的服务概念梳理归纳为具象的、每个人都能容易理解并执行的东西。用这些东西再去统领示范，以达到举一反三、触类旁通的服务效应。

早期的城市便捷追求的服务被称为"五感"——就是五种感觉：视觉、听觉、嗅觉、味觉、触觉。

所谓五感，非常容易理解，不容易理解的是为什么一家经济型酒店要像五星级酒店那样提供这样五种服务规范——经济型酒店不是减法制胜吗？程新华不是不明白这个道理，但他更深知如果自己同样用减法去竞争，这场竞争对他非但没有意义，而且将一败涂地。因为减法与其说是为了给客户营造体验，倒不如说是为了更快地复制。

他当时需要的恰恰不是快速复制，而是给客户不同的体验。所以，当别的经济型酒店做减法时，他却在反其道而行，在产品与服务上做加法。经济型酒店为什么就不可以有五感呢？如果让顾客用经济型酒店的价格，体验五星级酒店的服务，不是更好吗？

视觉上，通过偏向于商务型的酒店设计与灯光搭配，让顾客体验更高档的品质；听觉上，为酒店加装音响系统，播放轻柔的音乐；嗅觉上，通过喷香设备，让顾客进入酒店就能闻到淡淡的香气；味觉上，为经济型酒店增设厨房，并配置高标准的餐饮服务；触觉上，酒店的装修、家具、选料等环节，全部用更好一点的东西，让顾客触摸到的都是超出经济型酒店平均水准的更高级的感觉。

问题来了：这么简单的道理，为什么别人做不到却只有程新华可以做到呢？其实，这个问题可以用另一个问题来回答——为什么全中国那么多火锅店，只有张勇的海底捞做到了“变态服务”呢？

第一，创始人对于服务精神的理解决定了这家企业在服务方面的天花板。海底捞的张勇坦言自己的第一家火锅店正因为味道不够好吃，所以只能拼命做服务。这与程新华的故事有着异曲同工之处，程新华刚开办酒店时，由于资金短缺，无法像其他快捷酒店一样快速复制，只能死心塌地一家店一家店地打磨品质与服务。

第二，由此而来的就是从创业开始即深入基因的方法论上的差异化。海底捞由于要突出服务，从老板到服务员，都在服务客人方面时刻留心，并逐渐形成了大量的“变态式创新服务”。东呈的酒店也是如此，因为要打磨服务，他们总是对顾客的体验格外上心，日积月累就形成了体系化的服务方法。

第三，当企业发展到一定规模之后，基因是无法改变的。海底捞的“变态服务”，别人学不会，因为背后是成熟的供应链、金融、管理体系。东呈的差异化服务，表面上看只是简单的加法，背后其实也是整个企业体系有别于常人的构建方式——这意味着就算将所谓五感进行原样复制，也不可能获得东呈的整个服务体系。

这种服务体系也只有他们自己有机会进行变革。就算科技的进步和代际的更迭，促使用户的需求和消费心理发生了变化，东呈也能够通过酒店的品牌、硬件和软件升级，并且与服务无缝连接，构成一个立体的产品，去满足用户不断更新、提升的需求，甚至超越顾客的期望，成为惊喜和感动，构筑起以海量点评为特征的口碑护城河，让客人不走、再来、传播美好并介绍朋友过来，这就是东呈的服务变革所带来的价值。

如果说“五感”是东呈在经济型酒店时代的服务竞争法则，那么在中档酒店时代东呈则掀起了更加具体化的服务升级，这种具体化涵盖了酒店服务的方方面面。

当顾客进店之后，服务人员会奉上一杯欢迎饮品。欢迎茶，喝的不只是茶，更是那份心意。在饮食方面，除了基本的“味觉享受”，还进行额外的概念设计，比如健康早餐，好吃不怕胖。而根据轻时尚主题打造的特色餐饮，理念以健康、营养、素食为主，贴近绿色生活，中西食材搭配。除了超过40种丰富餐品，还特设当地特色小吃，比如入选过《舌尖上的中国》纪录片的IP产品。吃的要好，喝的则要“妙”——酒店中提供爆款饮品，比如白天提供一杯风味糖浆拿铁（可以根据客人的喜好任意选择添加一款风味糖浆：焦糖风味、香草风味、榛果风味或巧克力风味），夜里则主打一杯冰蓝鸡尾酒。在吃喝方面照顾好顾客只是基本服务，更核心的是让顾客有一个美妙的睡眠，东呈为顾客提供了系列功能枕，按顾客的需求及时送上配套睡枕，比如荞麦枕、决明子枕、薰衣草枕、麦饭石枕、乳胶枕。

进入中档酒店时代，酒店已经不仅是一个只提供吃饭与住宿服务的地方，还囊括了生活的诸多方面。东呈的酒店会在客房与大堂中提供适合不同年龄段宾客的游戏，供客人娱乐。通过酒店多元化及个性化的服务，丰富客人的入住体验。比如东呈的很多中档酒店品牌中配有五款积木、五款拼图、两款三国杀、两款狼人杀、两款塔罗牌……

这些服务方面的创新升级既是东呈服务基因在中档酒店时代的传承，也意味着在中档酒店时代他们依旧在追求“再多一点”的顾客体验。

所谓再多一点，就是要营造超出平均水平的顾客体验，基于“五感”而做的服务升级是一个指引，更多的服务创新则隐藏在酒店的每一个细节中、遵循着“再多一点”的竞争法则——如在早餐的提供上，现场烹饪的牛排和鹅肝，就超出了市面上大多数酒店的平均水准；如客房服务上，为客人缝上要掉下来的纽扣，擦好客人放在客房里的皮鞋，非行政楼层也提供水果和小吃，对重点顾客和新顾客的房间进行升级；再如在大堂提供免费的茶水，顾客离开时送一瓶水，也都是比平均服务水准更好一点的体验。

令人尖叫的标准化

始于“五感”的服务升级，代表的是从抽象到具象的服务归纳过程，而这种归纳的本质其实就是将非标准化的服务打造为标准化服务。

普通人听到“标准化”这三个字通常没有任何感觉，但是东呈服务的标准化一定会让人尖叫，因为当人们了解或体验过这些标准化的服务，就知道了一个真相：原来，看似虚拟的服务居然可以如此考究、如此有仪式感、如此有魅力。

在东呈内部的一份“神秘顾客检查表”中，对服务标准进行了事无巨细又精准无比的呈现。

比如酒店大堂（休闲区、书吧、公共卫生间）的背景音乐的标准化考核内容为：可以听到音乐，音乐为纯音乐，分时间段播放不同的音乐，音量适中，没有影响交谈。

可以看到，东呈服务的标准化并没有用难以理解的术语或者数据，而是简明易懂的语言，并且层层递进，这样做的结果就是顾客在酒店中听到轻柔舒缓又不影响交谈，且有格调的纯音乐。

在大堂区域的服务情景体验考核一栏中，有这样的内容：服务员衣着统一、整洁，妆容自然不夸张，服务过程有微笑，口气清新、无异味。

大堂区域的情景互动环节则有：将茶水洒到地上或桌上，查看服务员的反应。服务员有没有及时发现、及时处理、关心顾客状况，三项考核都要评分。

这说明，东呈不仅将日常服务视作必需品，且对于这种服务精神在突发状况中的应用十分重视。这样的考核不是吹毛求疵，而是为了不断强化标准服务在不受控的现场所起到的化解问题的作用。

服务人员接听电话也有讲究：铃响三声内接听电话，并使用标准服务用语（您好，城市便捷某某店）；电话服务过程中，能持续使用标准用语对客人服务；客人预订信息记录完整（预订人、预订房型、数量、日期、房价、抵店时间、联系方式等）；准确复述预订信息并经客人确认；主动告知客人预订单最晚保留时间；结束通话时，能礼貌地感谢客人致电，并按标准用语致道别语（感谢您的来电，再见！），让客人先挂电话。

在客房走廊内，标准化服务包括：主动向客人问好，遇到客人不抢道，服务员不在走廊奔跑、大声喧哗。

除前台岗位，其他岗位员工如路遇客人遵守“532”服务法则：“5”——指5米以内向宾客行注视礼，“3”——指3米以内对宾客微笑打招呼，“2”——指2米以内向宾客让路。

任何工作人员开门，必须符合“三敲三报”的基本要求：第一次敲门3下，自报身份“您好，服务员”；3秒后，第二次敲门3下，再报身份“您好，服务员”；3秒后，开门至约30厘米，第三次敲门3下，再报身份“您好，服务员”。

服务人员的工具车也有标准：不能堵塞走廊通行，车上物品摆放整齐，车上保持干净。

在“酒店综合质检清单”内也标明了大量标准化的服务内容：

比如客房内灭火器、防毒面具等消防用品无损坏、无过期；前台内安装有“紧急救援报警装置”并能正常使用；酒店前台应至少配备5台强光手电筒，并能正常使用。前厅入口、前厅服务台、每间客房门口都有摄像头覆盖；有效控制，（录像）储存时间至少30天。

在屡屡被媒体曝出酒店违规打扫卫生这一问题上，东呈也进行了标准化的杜绝处理——清洁规范：如质检人员现场发现员工使用客用布草做卫生，则执行否决项；如质检人员现场发现员工在进行客房清洁时，未将全部脏布草撤出房间，则执行经济处罚；不允许把布草直接放置在地面上；工作时工具车往所打扫的房间一侧停靠，取放布草的一侧朝内；停靠在公共区域过夜的工具车，垃圾及脏布草必须全部清空，且需用盖布盖住。

在顾客看不见的地方，比如厨房，也有极其细致的标准化操作规范：执行6T（“天”）管理，设备及用品摆放有序（天天处理、天天整合、天天清扫、天天规范、天天检查、天天改进）；冷藏柜内的食品，生熟分开，必须加膜或加盖，无裸露；冰箱内不得使用有色塑料袋收纳食品；所有食材不得落地摆放，密封入盒上架摆放或冷藏柜存储。

让人尖叫的标准化还有更“极端”的要求，在一份长达60多页的宜尚客房设计任务书里，可以看到这种细到极致的标准操作：

酒店入口设置雨棚，车道宽度须容纳两辆小车通过或一辆大巴车通过，显然，这是为了让客人获得下车即可入户的体验；大堂大门，长江以南使用自动门或推拉门，长江以北是旋转门与推拉侧门相结合，这是考虑了酒店所在地的气温差异而做出的标准化安排；门前室外灯光要方便行人，顾及夜晚安全照明，这是对于与酒店看似毫不相干的陌生行人的善意；所有酒店设计必须让残疾人士无障碍通行，每100间客房中要有一间房门与卫生间门足够轮椅进出的房间，门的宽度不小于91厘米，床边留有一个91厘米的空间，这条标准体现的是酒店设计者的人文关怀；房间内设置酒店专用电视机，要求视听接口在电视机侧面，以方便客人使用；洗手间配备足够的照明设施，包括卫生间阅读照明——这是另一个让人感到汗毛倒立的细节，显然，很少有人能想到在酒店卫生间里安装专用的阅读灯，尽管这是很多顾客平时生活中都有的习惯。

播下一个行动，收获一种习惯；播下一种习惯，收获一种性格；播下一种性格，收获一种命运。

东呈的每一个行动，都意味着他们的服务习惯，而服务习惯构成了企业性格，这些最终都会导向一个事实——东呈的命运，不是他人赐予的，而是他们自己塑造的。

让顾客更尊贵：不是拍马屁，而是比标准多做一点

东呈的标准化堪称疯狂，他们不厌其烦地把酒店服务的每一个犄角旮旯实现了全覆盖，但这还不够。

因为严格按照标准与流程提供服务，顾客挑不出毛病，但是不会超

出预期。想要超出预期，就要求比标准与流程再多一点。这样才会让顾客总是比上一次入住时得到更尊贵的体验，实现东呈内部口耳相传的“以客为尊”。

“以客为尊”并不是从一开始就确立的价值理念，而是经过了漫长的演变。在2016年以前，他们的价值观经历了这样的变化：2012年与2013年是“以人为本、务实创新、和谐有效、奉献感恩”；2014年变成了“专业、专心、专注”；2015年是“激情、专注、分享”；到了2016年年底，正式更迭为“以客为尊、合作分享、激情专注、结果导向”。

从此时起，以客为尊被提到了价值观的第一位。如果说以前他们将人的价值观念视作持续的内化提升，则2016年开始，他们正式将这种向内提升转化为向外输出。

无论务实、专业还是激情、分享，都可视作坚持打造标准化的内因，而以客为尊的价值观确立则意味着主动提出比标准化再多一点。

手写传情，就是比标准化多一点的产物。东呈的标准化服务中，服务员给顾客留下小纸条是标准操作，但是鼓励大家用手写体，采用不同种类的卡片，则体现了标准化之上的灵活操作，它的实施条件是顾客所处的实际情况，比如顾客生日，用生日贺卡；主题节日，则采用特制的节日用纸。

一个简单的标准，却透露着丰富的场景。顾客是非标准的，服务员其实也是。标准的是服务流程，在标准之上的非标准才是人之常情。客人感受到的尊贵，一定是非标准的，因为那才是真正的私人订制。

以客为尊的核心内涵是用户至上，这就要求酒店价值观的指针围着客人转，而不是围着领导转。如果说标准化是建立在企业自身的严格要求之上，则标准之外的再多一点是建立在用户视角之上——从自我思维转变为用户思维，将客人和投资者、员工、传播者等打通，如此便可基于标准、超越标准。

要实现这一内涵，相应的管理也要做出变革，东呈在管理上的变革称为反向管理：从顾客满意度和差评开始管理；倒逼服务和管理甚至产品和品牌的改进；从外而内的管理，触发从内而外的改进。具体如何实施？可以是纳入KPI（关键绩效指标）考核，形成顾客满意度考评和改善机制；也可以是后台为前台服务，二线为一线服务，不断优化一线的顾客体验。

比标准再多一点也意味着让客人感动。人的感动来源于对方对自己的真诚与尊重，来源于对方用尽方法取悦自己。

对酒店而言，创造感动需要看准时机，这不是标准化能够做到的事情，却一定是标准化之上的再多一点——创造或抓住互动的机会，创造惊喜感动顾客。这又分为两种：一种是雪中送炭，如在客人着急要赶飞机的时候，能够帮客人叫来一辆车；在客人不舒服的时候能够送出关心和温暖，如客人淋雨后的一杯姜茶；客人急着要参加正式会见却没有领带时，奉上一条领带；客人正在找车时，询问客人是否需要城市观光或特色餐馆推介，这些都是雪中送炭。另一种是锦上添花，比如在客人生日时的问候和生日礼物，甚至生日表演；比如发现客人纪念日并提供特别的祝福和礼物；对小孩和老人的关怀也是特别容易感动顾客的。

再举一例，会员管理是标准化的，但是会员服务却是比标准化再多一点的：东呈有80%的客人都是会员，而对会员的管理与服务，并不是把会员信息简单罗列即可，而是要进行会员的分析和会员意见反馈，进行会员的画像和分层服务：标准化服务是平等的，但是尊贵服务却没有平等，如航空公司会员一样，要设计会员的到店礼遇，从而制造特别感，从人性角度而言，每个人都希望自己获得与众不同的待遇。

以客为尊是否有边界呢？当然，无论东呈还是万豪，都将“以人为本”作为深刻的价值理念，以人为本不仅包括顾客，也包括自己。以客为尊的边界在哪里呢？要学习向日葵，向日葵向太阳鞠躬，但鞠得太低的向日葵直不起来，那就意味着它们已枯死。酒店是服务行业，但提供服务的人不是下人。上帝不仅是顾客，也是为人类提供服务的人，但很显然，上帝这位“服务者”不是下人。

服务，是提高自我的艺术，是再多一点的艺术。从这个角度而言，东呈服务追求的以客为尊，也拥有更加深刻的内涵：以客为尊，不仅要让客人感受尊贵，也意味着提供服务的人配得上这份尊贵的服务，因为是他们在制造并销售这项服务。

让加盟更简单：两万字合同里的秘密

“十佳业主评选”是东呈服务加盟商的一项活动，评选出全国范围内最优秀的十大加盟商。透过这份评选榜单，我们可以看到优秀的加盟商具备什么样的标准。

首先，以人为本，关爱员工。山东一家加盟店的老板对店长说：“员工福利要弄好一点，酒店应该像个家庭一样，对员工要像对家人一样，将心比心。”他还为员工租了新装修的两套三室一厅的房子做宿舍，空调、网络、电视、洗衣机等均配备完善。湖北武汉的一位加盟商，每个月都会组织员工聚餐，每个季度组织一次外出团建，亲自参加激励日、感恩日、员工大会等。河南洛阳的一位加盟商，发现值班经理精神不集中，后了解到其母亲生病住院无人照顾。这位加盟商立即与店长召开了临时员工大会，经过商量，最后在不耽误各自工作的情况下，动员三名员工放弃休息，和值班经理一起照顾病母。值班经理后来泣不成声地感谢大家，这样的员工，一定会为酒店付出更多心血。云南玉溪的一位加盟商说：“管理员工，需要先管理员工的心，要像服务客人一样服务员工。”

其次，与店长配合默契，认同东呈价值理念。广州的一位加盟商先后加盟了宜尚、柏曼、铂顿、城市便捷四个品牌，与每一位店长都相处融洽。湖南的一位加盟商，驱车300多公里亲自接店长前往门店，按照店长带来的理念，选最好的材料，用最标准的施工工艺，还说："做酒店，品质不能节约，这是一份执着，一份情怀。"湖北武汉的一位加盟商，为维护品牌统一形象，保证客户的体验感，所有酒店运营物资均为集团线上平台采购，获得客户的高度好评，这也与"以客为尊"的价值观相吻合。

加盟商与东呈步调一致，并非与生俱来，而是与东呈共同成长过程中逐步实现的。为了实现这样的目标，东呈也为加盟商提供了尽心竭力的服务。

最核心的一项服务，就是加盟合同。这份合同里饱含着东呈加盟服务的一点一滴。正是由于加盟合同长达两万字的庞大体系，才塑造出最后的结果——加盟东呈，要比过去更简单。

以城市便捷的合同为例，合同正式名称是《特许经营合同》，共分为27章，用简单易懂无歧义的语言详细说明了各项加盟事宜。

比如在人员聘用方面明确规定：加盟方亲属不得在特许酒店担任任何职务；酒店管理人员更不得安排与之有亲属关系或朋友等其他关系的人员在该酒店工作。

程新华在创业之初就明确了一个原则：绝不把酒店做成夫妻店、亲戚店、家族店。酒店应该是一个充满了现代化职业管理风格的规范场所，唯有如此，企业才会保持开放包容的发展动力。在大范围发展加盟店的时候，这种管理理念尤为重要。

在布草洗涤方面也有一些吸引注意力的明确规定：特许酒店承诺其委托具有正规资质的洗涤公司对酒店的布草、衣物等严格按照国家及酒店所在地有关规定清洗干净，且特许酒店所委托的洗涤公司需保证在本合同期限内不洗涤细菌含量高（如医疗单位）的布草、衣物，否则东呈有权单方面解除合同。

卫生问题是酒店的“百年大计”，东呈除了在服务规章上想办法防微杜渐，更是在开店之前就开宗明义。这既是一种方法，更是一种明确的态度：程新华的务实主义总是体现在这些细致入微的细节中，这正是服务行业的匠心。

规范化一直是程新华内心深处向往的管理愿景，因为规范化意味着秩序与效率，意味着降低失误率，即使出了错，也有补救的可能。在特许经营合同中，也列明了诸多规范化服务的条款，以确保双方共同维护连锁品质，比如：加盟方采购甲方指定品牌的电脑系统，须在酒店内使用正版电脑软件，包括但不限于操作系统、桌面系统、办公软件、应用软件。

加盟方采购是一个事关品牌统一性的重要事项，在特许经营合同中，对于采购物资进行了明确划分。这种划分势必会让普通人瞠目结舌，大家永远想象不到，一家规范化的酒店管理企业能把服务细化到如此地步，如果说酒店行业有秘密，则秘密就在于这些细节中：

一类物资包括：（工程物资）床垫、瓷砖、灯具、地板、店招VI、门锁、涂料、地毯、洁具、开关面板、龙头花洒、浴室五金；（运营物资）布草、标识牌、工服及工牌、客房配备物品及设备、易耗品、印刷品、电话机、装饰品、餐具、香薰、早餐冲调饮品；（信息技术物资）网络设备。

二类物资包括：（工程物资）窗帘、家具、成品门、安防设备、空调、热水系统、电视机、智能管理系统、换气扇；（运营物资）公区配备物品及设备、易耗品、电热水壶、电吹风、清洁用品。

三类物资包括：洗衣设备、办公设备。

其中一类物资是“指定标准＋指定品牌＋指定供应商”，必须在“物资信息采购平台”下单采购；二类物资是“指定标准＋指定品牌＋推荐供应商”，必须按照指定品牌及指定标准进行采购，信息平台上的供应商为推荐供应商；三类物资是“指定标准＋指导价格”，按照指定标准自行采购。

换成大白话，就是“顾客的身体会长时间接触到的所有酒店物品和体现酒店产品品质的用品，都必须严格按照东呈的标准统一配置”，这是为了确保顾客的利益与酒店的品质；“顾客不会长时间接触但是会亲自使用的物品，必须按照东呈的标准和推荐的供应链进行购置”，这一条相当于在顾客与加盟商之间进行了平衡，确保双方都有安全的选择空间；“顾客自选的酒店用品和不会用到的物品”可以由加盟商自由购置。

合同文本涵盖了加盟商关心的所有问题，甲乙双方的权利义务写得一清二楚。对于加盟商而言，既可轻易读懂这份合同，又可同时明确一个原则——加盟的本质，是对连锁品牌的有偿使用。加盟商是东呈的客户，也是东呈酒店品牌的实际维护者，双方在实质上是一种双向服务、共担风险、共享收益的关系。

让财务更清晰：中央支付系统的未来想象力

经过12年的发展，东呈在酒店行业内已经是名副其实的大企业了。大企业就会遇到大问题，对于酒店企业而言，最大的问题就是财务服务。你很难想象一个拥有2000家酒店、众多加盟商、无数酒店顾客的企业是如何面对纷繁复杂的财务收支问题的。

东呈通过构建超级结算系统，解决了这个问题，让顾客、加盟商、东呈三方都享受到最高效的资金结算。

所谓超级结算系统，也称为中央支付系统，指的是酒店顾客通过东呈自有的以及与第三方合作的预订渠道（包括但不限于集团官网、手机App、全国400电话、微信，第三方销售平台如携程、去哪儿、美团等）预订客房并在线支付房费，则该笔房费由东呈统一收款账户收取。

在这一结算流程中，顾客与加盟商不直接发生资金往来。每月15日之前，东呈会将上月产生的房费拨付给加盟商。

超级结算系统的产生源于移动支付成为一种不可逆的趋势，在这一趋势下，统一结算有几方面的好处：第一，资金往来关系清晰简单，加盟商在签订特许经营合同时即认可这种结算模式。第二，由于统一结算模式下东呈产生了巨大的资金流量，与银行机构间拥有了更大的合作空间，反过来也可以让加盟商享有交易成本更低、更快捷高效的金融服务。第三，对于顾客而言，能够享受全国统一的线上预订结算服务，免去了一店一政策的烦琐过程。

按照推算，2018年东呈国际集团的结算流水将达到数十亿元，并且呈现逐年倍增的趋势。超级结算系统的超级效率则进一步表现为其不再是单纯的资金平台，而是上升为资产平台。

加盟商通过东呈获得的产业金融服务，也将以这一结算系统作为还本付息的便捷工具。假设一位加盟商获得了500万元专项金融贷款，酒店开业之后，他只需要将全部精力集中于如何提升酒店营业额。因为营业额提升，利润增加，超级结算系统中就会按照协议代为扣除银行本息，剩余资金作为利润定期返还给加盟商。

产业金融服务还为加盟商提供了更多的开店机会，如果加盟一家酒店需要1000万元，在东呈的金融服务支持下，每一家店最高可获得500万元的专项金融支持服务；假如加盟商自有资金达1000万元的话，他完全有可能同时加盟两家店。

超级结算系统不仅在现实层面让东呈、顾客、加盟商都获得了超级效率，在整个公司的财务清晰化方面也举足轻重。由此带来的财务智能化将是影响下一个时代的重要一环，按照程新华的设计，未来东呈作为一家或许会拥有上万家酒店的巨型集团，每天要处理巨额资金往来，财务系统必须实现智能化。

智能化意味着真正的轻资产——即使每年成百上千亿的资金流量，也能在智能化的财务系统内实现清晰顺畅的流动、监管。财务也不再是一项纯粹依靠人力去把控的高风险工作，而是能创造并输出支持价值的全新服务，将在风险预警、智能分配、财务业务一体化等方面发挥重要作用。

在过去的岁月里，东呈像制造工厂一般源源不断地输出高标准的酒店人才，而在下一个时代，他们将让枯燥烦琐的资金系统创造价值，这是真正的挑战。

下 部

布道未来

第八章

酒店这个行业

酒店行业里，能赚钱的，是高手；能立标准的，是宗师。现在高手如林，宗师寥寥。宗师并非天生而来，而是集大成者。下一个时代，将是竞争的时代，更是融合的时代。

行业迷局：藏在数字里的真相

时间进入2018年，全世界酒店行业正处于新旧交替之间。光线从云雾中穿过，前方依旧明暗更迭。

回顾世界酒店业的历史，前人已经为今天总结出无数金科玉律。

希尔顿酒店创始人康拉德·希尔顿说：“酒店集中大量采购以压低成本；把酒店的每一寸土地都变成盈利空间；为保证酒店基业长青，要特别注意培养人才。”这是对规模与效益的解读。

与希尔顿追求规模截然不同，一些拥有独特文化气质的酒店品牌，即使抛开规模，也可以在激烈竞争中获得长久的生存。比如文华东方会在全球最顶尖的杂志上刊登只显示地名和扇子Logo（商标）的无图广告，落款是“全世界最奢华的酒店集团，没有之一”。这家主打亚洲情调的酒店，在世界酒店行业内塑造了一种独一无二的文化价值：东方美食、水疗、珍贵古董、皇室奢华……

不仅文华东方如此，实际上很多豪华酒店品牌并不以数量与速度取胜，而是以提供顶尖品质的全服务酒店取胜。比如成立于1866年的香港上海大酒店有限公司，旗下至今依旧只有半岛酒店这一个豪华酒店品牌，仅拥有并管理了10家位于全球一线城市的豪华酒店。

然而，当我们站在历史的基石上，结合当下的实际情况，又切身感受到这些关于规模与品质的金科玉律并不足以解答目前行业所遇到的困惑。

回顾历史，中国的酒店行业可大致分为四个发展阶段：

第一阶段为新中国成立至改革开放初期。在这一阶段，形成了“星级酒店＋国营招待所”的差旅住宿体系。五星级酒店普通人住不起，其住客大多是外宾，而普通人的选择大多是“招待所”。此时酒店产品结构是一个标准的“哑铃”——两头大，中间无。

第二阶段为1992年至2012年。伴随着经济高速发展，酒店业固定资产投资快速增长。但是整体而言，酒店业的供需依旧失衡，供给赶不上需求，酒店利润较高。也就是这一时期，经济型酒店从无到有，进入快速增长期。

第三阶段是2013年至2016年，酒店供需关系达到平衡，再加上2013年国家出台政策抑制三公消费，位于酒店产业顶层的高端酒店出现业绩下滑。与此同时，经济型酒店与消费升级发生错配，市场增长也遇到了天花板。2015年，酒店业固定资产投资首次出现负增长。

第四阶段开始于2016年，面对停滞的市场，大型酒店集团以并购形式实现资源快速整合。比如锦江收购7天、维也纳，首旅收购如家，华住收购桔子水晶……酒店行业开始进入大集团时代。

与四个阶段相对应，中国酒店行业曾经出现过四次滑坡，第一次是在1989年，第二次是1996年受亚洲金融危机冲击，第三次是2008年受国际金融危机冲击，2013年受到国家政策与消费市场影响，全行业迎来第四次滑坡。

不过，每次滑坡也总伴随着复苏，前三次复苏都可归纳为传统客人的回归，而2013年之后的复苏显然没有这么简单。消费升级、移动支付、多元化体验等新课题被叠加在酒店消费中，一种新的消费需求——生活方式类的住宿需求——开始大范围出现。这种消费热潮迅速打破了旧时代里酒店消费属于高端人群与普通人群的两极分化格局，中端消费者成为这场新消费主义的践行者。

此时，酒店行业也出现了新的现象与特点：被服务者就是消费者，个人支付成为主流消费模式；消费人群年轻化，80后、90后已成为消费主体；成功酒店企业开始进行品牌细分，以此精确覆盖多元化需求；酒店产品不再是简单的住宿场所，而是叠加了时尚、艺术、人文等生活场景；酒店消费人群在消费思维上注重性价比，在产品体验上则依赖互联网技术。

面对一个全新的市场，不少传统酒店从业者感到力不从心。80后与90后、手机族、时尚情调、人文趣味……面对几乎一夜之间成长起来的年轻一代，酒店行业从心理准备到职业习惯，从专业技能到知识结构都出现严重脱节。

旧时代的金科玉律正在失灵，新时代的全新标准始终缺位。所以近年来酒店市场虽然起伏跌宕，但数得上的行业创新却鲜有。

在行业主要从业者层面，国内酒店行业巨头以锦江、首旅、华住为最。前两者为A股上市公司，华住为美股上市公司。他们面对如此令人困惑的行业处境所做出的新动向可以用数字来表达：

2015年，锦江国际集团收购法国第二大酒店集团——卢浮酒店集团、铂涛（主品牌7天）、维也纳。这三次收购奠定了锦江爆发式增长的基调，“收购”也就此被视作锦江应对行业未来的主要手段。

首旅如家酒店集团在2018年第三季报中披露，公司拥有中高端酒店610家，占比15.8%；客房间数76271间，占总客房间数的19.7%。公司负责人说："加快中高端发展是主轴，对和颐至尊、如家精选、如家商旅为代表的中高端产品进行重点发展。"

无独有偶，华住酒店集团2018年第三季度财报显示，该季度净开业酒店152家，且尚有924家酒店正在筹建中；而在净增的152家酒店中，151家为中高档酒店。华住酒店集团预计2019年将新开业酒店800—900家，其中80%为中高档品牌。

这些数字背后隐藏着一些真相：

1. 中高端酒店继经济型酒店之后，成为新的兵家必争之地，也是目前市场上最急缺的产品类型。

2. 豪华酒店有灵魂，但无规模；经济型酒店有规模，但缺乏灵魂；中档酒店既无灵魂，规模也不够。在中档酒店时代，行业需要的既是规模，更是灵魂，尤其是中国酒店行业。无论行业内外，人们依旧在苦苦寻找这种灵魂。

3. 创新与融合将成为酒店这一传统行业应对新时代的核心手段。随着技术进步，一个新的名词需要引起各行各业的高度注意——跨界交叉融合。世界再也不是过去那个彼此隔绝的世界了，酒店正迎来万物互联的新时代。

4. 中国酒店行业内的巨头，锦江与首旅分属上海国资委与北京国资委，发展过程中通过收购不断壮大规模；华住为代表的民企，则以产品研发与市场能力紧随其后。

无论国企还是民企，在面临市场变化与国际化竞争的时候，代表的都是中国。在这一点上，他们既是竞争关系，又同属于民族企业。而越是民族的，越是世界的。这句话既取决于本民族的文化特质是否被提炼到位，也意味着这种提炼出来的特质需要规模化的传播，以适应一场全球化的新消费热潮。

布道守则：想象力＋责任心＋标准化

一个行业的灵魂，并不一定建立在规模化的数字之上，而是建立在出发时的基因之中。但这还远远不够，基因的意思是“独善其身”，却无法“兼济天下”。只有当基因与规模相结合，一个令人信服的行业灵魂才有机会落地生根。

所以，若想布道，须先布局。

程新华的布局迄今已达12年，对于一家酒店集团而言，这样的布局已经到了出成果的时候。东呈的品牌矩阵就是悉心布局的显性成果。

程新华在对行业的研究中，发现了一个非常明显的规律：大集团收购某个酒店品牌，一定是这个品牌蕴藏着集团现阶段缺失的东西。一家酒店集团，不可能收购一个与现有业务重叠的品牌而陷入自我竞争。

这就是多品牌的秘密。如果把一家酒店集团旗下的所有品牌按照各自不同的特点进行排列，就能得出一张品牌矩阵表——横向坐标是品类，纵向坐标是档次，纵横轴交汇分割出细分领域，每个领域对应一个或多个品牌。

有了这张品牌矩阵表，再与竞争对手逐一比照，就知道大家的异同所在。以华住为例，旗下共有14个酒店品牌，为了避免集团名称与品牌名称重叠，公司甚至在2012年由汉庭酒店集团更名为华住酒店集团，此举的重要原因正是为了突出旗下各品牌的独特属性。

原创品牌与合作品牌又是华住旗下的两大阵营：原创品牌包括汉庭、怡莱、海友、星程、全季、CitiGO、漫心、禧玥。

合作品牌则是建立在合作与收购基础之上。2016年华住与雅高酒店集团结成战略联盟，华住获得了美居、宜必思和宜必思尚品在中国地区的特许经营权，美爵酒店和诺富特酒店在中国地区的共同开发权。收购桔子水晶酒店集团之后，桔子也成为华住旗下的品牌之一。

与其他酒店的品牌矩阵相比，东呈也是一样的布局逻辑。比如华住的品牌布局：汉庭、宜必思与桔子是经济型酒店品牌；怡莱与海友是个性化的非标准酒店品牌；星程、全季、美居、宜必思尚品是中档酒店领域内各有侧重的细分品牌；CitiGO是精致生活类酒店品牌；禧玥、诺富特是高端中档酒店品牌；漫心布局的则是度假酒店品牌。

东呈既可与同行的品牌矩阵一一对应，又有自己的特点，其品牌布局更加聚焦，每一个子品牌的定位更加突出。比如经济型酒店只有一个城市便捷，品牌定位为具有说服力的高端经济型酒店；中档酒店领域内，宜尚主打轻时尚北欧风格，宜尚PLUS主打精致北欧风格；精品酒店领域内，蓓利夫人与吾公馆性格鲜明，潮牌原创酒店锋·态度酒店，则体现了年轻化；中高档领域内，怡程与瑾程主攻东方生活方式。

与显性成果相比，从布局者向布道者的角色转变，则是一种隐性成果。这需要三个维度的素质：想象力＋责任心＋标准化。

想象力是关于行业未来的推想，其中既包括新的生产方式或服务理念，也包括对现有资源的深度融合。举个简单的例子：宜必思尚品是华住运营的酒店，但宜必思这一品牌来自雅高酒店集团；同样是合作，一家挂着某一品牌的酒店，很有可能在所有权上属于另一家酒店，而具体的酒店运营又外包给了第三家酒店集团。换而言之，全球化背景下，酒店的运营其实是多方资源合作与跨界交叉融合的结果。

这种想象力建立在活跃的思考习惯上，更来自数十年如一日在市场实战的经验。中国市场，也许是为数不多的可与美国比肩、拥有纵深的大市场，而大市场是最容易诞生商业想象力的地方。

中国的移动支付世界领先，正是基于这个国家拥有世界上最多的移动互联网用户，构建起了足够广阔丰富的应用场景。酒店行业也不例外。

与想象力匹配的是责任心，就像程新华对外界说的那样：有些事情，如果他不做，可能就不会有人做了。城市便捷起步的时候，他不谈战略、趴下干活，精打细磨出了高端经济型酒店这样一个独特的产品类型；没有风险投资，却拥有高度风险意识，琢磨出了开创性的加盟商金融服务；以经济型酒店的产品形态，研究出了破解酒店卫生问题的操作规范……

想象力与责任心意味着布道者的出发点，那么标准化意味着什么呢？意味着这种布道将有巨大的成功概率。

中国现行的酒店行业标准，一种是西式的产品标准，另一种是星级评选标准。这些标准已经与现阶段的多元化消费市场出现了严重的错位。

西方标准，顾名思义代表的是西方人的生活习惯，其中自然有诸多不同寻常的细节，在刚进入中国市场时，这些细节令人叹为观止。然而，随着中国消费群体的自主意识日益增强，东方式的产品标准成为新的选择。这种转变正在发生，但是还没有一个明确的、全球普适性的标准体系。

星级评选标准则过于笼统，运作多年陷入僵化，许多评判标准也流于形式。消费者大多有过在酒店消费过程中被误导、被欺骗的经历。预订一家三星级酒店，却遭遇了远低于预期的产品和服务。真正能帮助顾客识别出一家酒店市场段位的东西，或许只有品牌。

而要打造影响全行业的全新标准，必须实现产品的规模化。程新华在这方面有着极其明确的认知：虽然酒店是服务行业，但也是一个工业化的行业。而标准化恰恰意味着工业化，如果要实现一种全新的标准，一个最现实的问题就是，如果店铺数量不够多，所谓标准就难以产生深刻的影响力。

加盟模式：与人性较量

大力发展加盟酒店，本质上正是为了这种“影响力”。程新华的布局，在内凭借的是产品研究院、中央品牌局这样的智库机构和一批对酒店行业吃得很透的人；对外依靠的则是加盟模式。

“加盟”几乎是现代连锁酒店业的必然选择。当一家酒店集团成功地树立起自身品牌并具备了品牌管理与输出价值之际，加盟就会成为一种规模化的业务拓展模式。这事实上也是程新华在创业之初就已谋划好的，因为直营模式是典型的重资产模式，而加盟是轻资产模式。对于酒店行业而言，轻资产经营性风险较小，投资回报更加稳定，规模化更见成效。

从酒店固定投资角度而言，加盟模式在中国酒店行业大环境下也拥有了更现实的发展动因。2013年之前，经济型酒店遍地开花，多数酒店集团采用的是重资产模式。2013年到2016年，酒店全行业进入调整期，增长遭遇瓶颈。2016年之后，被业内称为“存量盘活时代”。此时，大型酒店集团已成为主导酒店行业发展的先锋力量，面对亟待复苏的局面，纷纷进入了更加轻资产化、高效率化的盘活存量物业时代。

在这一时代，市面上拥有大量在营的单体酒店，酒店行业连锁化率也仅处于20%的低位。与之相对的成熟市场比如美国，其酒店业连锁化率超过70%。如此，加盟模式可谓正当其时。

对于单体酒店而言，其顾客来源更加依赖于在线旅行社（OTA）如携程、去哪儿等，经营体量也决定了其与OTA议价能力差，从而造成成本上升、利润下降。一份OTA佣金收费报告指出，携程的佣金比例在2016年7月由10%提升至15%—20%，美团的佣金比例约为8%—10%，飞猪最低，但也要收取2%—8%的佣金。

对比之下，单体酒店加盟大型酒店集团品牌有成本与收入方面的优势。不仅能提升品牌认知度，也可以获得酒店集团会员导流，渠道费用降低，赢利能力增强。

表面看来，加盟模式是酒店集团与单体酒店双赢的结局。然而，加盟模式又是一把双刃剑，既可实现品牌规模化布局，又时刻存在风险的诱因。

近年来，知名酒店品牌接连曝出卫生及信息安全问题，从某种角度也暴露出加盟模式之困——在这种类似于“贴牌生产”的模式下，对于酒店品质的把控已经成为酒店品牌最大的考验。

程新华对于加盟模式的情感也非常复杂，一方面他必须借助这一主流商业模式实现布局，另一方面又为中国的加盟现状感慨万千：酒店产品的品质相对还容易把控一些，因为按照加盟标准装修之后的产品，是不能轻易改动的；最难把控的就是服务，比如按照品牌规范，早餐应当有20个品种，有的加盟商为了节约成本偷偷减掉了5个。

在美国这样的成熟市场中，加盟或曰特许经营是基于严格的法律体系与双方的契约精神，鲜有加盟酒店“缺斤少两”的现象。

这是时代与环境存在的问题，不完美的环境激发了人性中不完美的东西。而东呈的加盟模式，与别人最大的不同或许就是他们始终在想方设法与这种人性较量。

东呈的办法是制定了犹如“天书”一般的综合质检清单、两万字的品牌加盟合同、一大批训练有素的店长，在这些硬性约束条件的管控下，实现加盟酒店的严格品质。这种较量让他们背上了一些并不轻松的负担，比如管理成本、人力成本。

加盟商作为投资人，不合格的比例在中国非常高；反观行业中的大多数品牌方，这种不合格也普遍存在。

加盟模式对于品牌方的好处是显而易见的，最直观的表现就是“旱涝保收”。这种“贪图快速回报”的风气从经济型酒店的快速发展阶段，就深深地刻入了很多人的基因中，整个酒店行业始终弥漫着圈地运动的味道。进入2016年之后，当大家终于等到了复苏的阳光，恶性竞争却从头再来——为了拓展加盟门店、收取加盟费，很多品牌方不断降低加盟的门槛。由此带来的恶果是酒店经营水准无法保证，酒店曝出卫生问题也就不足为奇了。

另外，错误地将酒店投资与房地产投资混为一谈，也是业内对酒店加盟模式的深刻误解。

2013年，曾有著名地产商说："酒店行业是商业地产中一个耀眼的新星。"酒店与房地产向来形影相随，但事实上，二者是截然不同的行业。即使抛开住宅产品而以更具经营性质的商业地产作为对比，也与酒店经营天差地别。商业地产是通过有形的物业空间收取长期租金，而酒店是通过综合服务获取单日租金，前者只需提供很少的服务，而后者需要创造大量的服务。

房地产行业将酒店视若己出，根本原因在于房地产行业进入升级阶段，需要在修建居住空间的同时提供大量配套物业，酒店更像是地产项目的附属品，而不是独立创新的服务行业。于是，在这样的逻辑思维之下，地产项目的快速扩张，也为酒店行业后来的种种乱象添了一把火。

酒店这个行业，本质上应当是轻资产而重服务的行业，但是在加盟模式这把双刃剑以及相伴而生的种种错误理解之中，催生了诸多乱象：品牌方急功近利，加盟商偷工减料，业内人贪多求快，业外人醉翁之意不在酒。

破解这种困境，需要与人性较量，将酒店拉回符合行业本质的轨道之上，以服务与经营创新打开全新的行业格局。

资本成本：便宜的资金与昂贵的匠心

程新华将酒店经营的最优解认定为“轻资产模式”，一方面是他早已对全球酒店行业的历史深谙于心，另一方面则因为发展重资产所依赖的资金在很长一段时间内都是他的当务之急，他的公司在2016年以前鲜有豪掷千金的运气。

即使他现在拥有这样的实力，却依旧延续着过去形成的性格。程新华对光鲜的数据时常保持高度警惕，每天账户上过手的资金越多，他越感到责任的巨大。

无论是平台化，还是国际化，都是需要资金的，这种资金必须符合一个安全的逻辑：作为公司运营的资金，产生的利润越多越好；作为公司壮大的资本，它们的成本越低越好。

让资金产生利润，他们已经找到了很多办法，比如加盟商金融服务、中央支付系统代收房费；让资本的成本尽可能低，目前来看也已有了基础。

这个基础就是2017年获得的酒店行业最高银行授信额度——60亿元。在中国，银行贷款是民营企业综合成本最低的融资方式。与此相应，银行贷款也是民营企业在诸多融资形式中获批率最低的方式。正因如此，获得银行贷款可被视为企业价值与稳定性得到了极大的肯定。

在东呈发展的早期，程新华曾带着他的同事们与风险投资机构进行过接触，他当时需要为自己的雄心找到定价。可是时局所限，在风投机构眼中，他只是一个区域性经济型酒店品牌的创立者，身上没有明星企业的业绩，也没有明星创业者的光环，商业模式上也看不出惊世骇俗之处，城市便捷的酒店产品确实还不错，但店铺数量又不够多……

总之，他没有为梦想找到出价者，但这反倒成就了后来的东呈。

如果当初被风险投资机构选中，今天的东呈也许会有更壮观的规模，但几乎可以肯定的是，酒店的品质一定会与今日大相径庭。创业者心知肚明，投资机构的天然使命在于低点买入，做高估值，套现离场。这与很多创业者的想法并不合辙，程新华这样的创业者总希望为梦想定价，可是投资机构实际上只为利益举牌。

银行贷款则不相同，无论贷款利率还是还款期限，看似都是固定的，好像比风险投资机构的资本更加咄咄逼人。实际上，若以同等金额或同等企业体量计算，一家最终成功的企业给银行与风投机构的回报有着天壤之别。最关键的区别还不在于此，而是在于——银行永远都不会干涉企业的经营决策，只需定期还款，双方是纯粹的金融关系；风投机构与企业创始人之间的恩怨情仇，却已成为商业界的经典脚本之一。根源正在于风投机构以利益最大化为首要目标，创始人的想法往往要退居其后。

从这一角度而言，真正昂贵的东西不只是资本，更是创业者能够一如既往地坚持下去的匠心。太多时候，这份匠心不是缺乏坚持的理由，而是缺乏与外力抗衡的条件。

举例而言，一家曾经在经济型酒店时代捭阖纵横的品牌，很早就获得了数千万元风险投资。然而资本进入之后，这一品牌却变成了一家“唯快至上”的酒店。这就是资本的诉求，它要求这家酒店品牌必须用最低的成本确保最快的开店速度——甚至因此被外界戏称为“成本杀手”。与此对应的是，即便在当时酒店品质普遍不高的大背景下，这家酒店也往往因为一些超出人们想象底线的细节而知名——最广为人知的细节就是其拥有超小面积的窗户，而设计为小面积窗户的一个直接原因正是缩减成本、快速改造。匠心难以坚守，让这个原本应当在中国酒店发展史上占据重要地位的品牌最终以被收购而告终。

立于岔路：赶路的人没有资格谈退休

出生于1971年的程新华，在酒店行业里算不上“老人”。汉庭创始人季琦出生于1966年，7天创始人郑南雁出生于1968年，格林豪泰创始人徐曙光出生于1964年……

但他依旧算是这行业里最早的那一批，因为除了人们熟悉的这批60后中坚力量，行业中已升起一大批后起之秀，亚朵创始人王海军出生于1977年，尚客优创始人马英尧出生于1980年。

这些出生于不同年代的人代表了酒店行业里的新旧更迭，不仅是年龄上在更迭，更重要的是对于酒店的理解与思考也在交替。

可是这并不意味着上一代人只有退出这一条路，恰恰相反，一种碰撞与融合的局面前所未有地出现在了酒店行业里。随之而来，这个行业也站在了发展的岔路口：继续像酒店行业在过去数百年一样保持缓慢生长的传统，还是拥抱迅速变革的新时代？答案不言而喻。

在品牌布局上，各大酒店集团都在实行多品牌化战略，几乎在每个细分领域都有对标品牌。以年轻化的潮牌酒店为例，这无疑是一种全新的酒店类型，主打的是小众、先锋、趣味等特性。在这一领域内，东呈发布了全新的潮流酒店品牌——锋，锦江旗下则拥有派·酒店、潮漫酒店等主打年轻时尚的品牌，首旅如家旗下有YUNIK、漫次元等年轻品牌。

在移动互联网技术的应用上，东呈与其他几大在PC（个人计算机）端时代建立了自己预订体系的连锁酒店品牌不同，他们直接迈入了移动互联网时代。2014年以来，东呈先后推出了微信公众号、小程序、App、支付宝生活号等渠道，并在连锁酒店行业首次推出了微信卡包，还自主研发了微服务功能，实现了微信连接Wi-Fi。2015年，东呈更是将自己的微信服务进行了整合升级，推出了“云酒店”概念。云酒店中最容易为顾客所感知的服务，包括了360度全景看房、选房，扫码购物、扫码点评等多个O2O服务；而客房的六大“微服务”：预留房、晚退房、微阿姨、微大叔、秒退房、微续住，实现“手机即前台”，客人无论身在何处，都可以下服务指令，且消息直接点对点到达服务人员处，反应更快速。

在酒店管理层的年龄结构上，程新华也在尽力推进年轻化，他的目标是2021年实现管理层平均年龄不超过40岁。目前，公司已启动了相应的改革措施，管理层股权激励工作已经完成。在公司日常管理风格上，也表现出了年轻化倾向。他的一位日本朋友来公司参观之后对他说：“你在外面谈事情的时候很犀利，可是在你的公司里却看不出谁是老板……”程新华闻听此言，非但没有不开心，反而觉得很欣慰，这是他理想中的那种管理状态。

47岁的程新华被问到“什么时候退休”这样的问题时会显得不好意思，他说对于创业者而言，退休的含义是功成身退。对他而言，还在赶路，根本就没有资格谈退休。

他所理解的退休分为两个方面：

第一，从企业的管理结构上而言，他希望从CEO（首席执行官）、顾问这种岗位中抽身而退，因为占去了太多的个人精力，与他一直强调的“聚焦”相悖；但是在董事会里，他目前还没有退出的意愿，还有太多顶层设计方面的事情没有完成。一家企业的理想结构，在程新华看来应该是“这家企业由某个人创立并发展壮大，但这家企业并不只属于这个人”。

第二，个人修为方面的考量，他在很长时间内也经受了这种“拷问”——要不要放开世间的纷扰彻底退隐？这种拷问对于成就了一家万人级别的企业的人而言，既是精神上面临的挑战，也是现实生活中的问题。在他看来，如果做成了某件大事功成身退，算不算达成了某种修为？算，但是并不全面。人生在世，永远在修。在世修与出世修都是修为，但是有一个先后次序，“在世修”还未完成，“出世修”则无必要。

路漫漫其修远兮，必将上下而求索。

第九章

借势取道：与未来对标

第一届东呈粉丝节——“橙呈节”——是东呈给行业与顾客的新选择，这种选择包括产品，包括服务，也包括一种酝酿多年的思想。

东呈用全新的企业使命来表达这种思想——“东方生活方式的世界使者”。外界对此有一句充满个性的评论：“当世界向西的时候，他们向东。”

程新华多年以来的商业轨迹也再次表露无遗：走大道，但是要再多一点，要形成差异化。东方生活方式，就是东呈在接下来的时代里希望营造的核心差异，“东方芯，西方形”则是这种差异的表现形式。

大势：崛起的中国，时代的红利

准确且全面地将程新华关于“东方生活方式”的定义呈现出来并不

是一件容易的事。一是这个理念本身就含有某种难以捕捉的感性情愫，若用具象的文字加以解释，难免造成意境上的割裂；二是因为即便经历了很长时间的思考与总结，可是对于这个类似于哲学命题的理念而言，依旧远远不够。更艰难的是，他希望将其与酒店行业的未来挂钩，委实需要做更多的工作。

他也知道，这是吃力不讨好的事情。中国市场已经是世界酒店行业的兵家必争之地，可是无论行业里有多少神奇的故事，关于未来的想象却很少被提及。人们大多立足于眼下，或许是出于一个现实的原因：大多数酒店企业对于在这片土地上进行最基本的酒店运营都还没有完全参透，更遑论未来了。

可是人一旦失去眺望的热情，往往也会很快发现脚下无路可走。程新华希望自己和他创办的这家企业在过去的基础上继续精进，同时保持那种难得的对于明天的热情。如果身边的人们都让目光停在某一个时间点，他则一如既往地希望自己像多年来的习惯那样，眺望得再远一点。

东方生活方式并不是凭空创造的概念，而是来自历史，来自过去，来自人们的传承。在一个全新的时代机遇面前，这个概念需要被重新审视、重新包装、重新推广。它可以是一种个性化的选择，同样也可以是一种普世范围内的标准。这个新的机遇正是人所共见的事实——以中国为代表的东方国家，已经实现了经济规模上的崛起，这种崛起带来的直接结果是民众生活水平与国家实力大幅提升。

在民众生活水平方面，国家统计局的数据显示：2017年，全国居民人均可支配收入25974元，比上年名义增长9.0%，扣除价格因素，实际增长7.3%。2017年，全国居民人均消费支出18322元，比上年名义增长7.1%，扣除价格因素，实际增长5.4%。

2018年10月19日，国家统计局公布，2018年第三季度，服务消费占社会消费的比重是52.6%，比上年同期提高了0.2个百分点。从实物消费来看，升级类的一些商品消费仍然保持较快增长，比如化妆品、智能家电等保持了比较快的增速。

在国家生产效率方面，关于“创造奇迹”的例子更是屡见报端。

2018年1月，中国福建省龙岩市的一则新闻引发全球热议——1500名中国工人在夜里仅用9小时就将高铁车站从里到外翻新了一遍，该新闻被刊登到了英国《每日邮报》头版头条。

2018年7月，一则《中国500名工人3小时完成铁轨拨接》的新闻再次刷爆全球网络——12日凌晨，在湖南张家界禾家村站，约500名中国铁路工人在现场同时施工。由于中国工程师提前数周便进行了精心的设计与模拟演练，所以现场仅用了3个小时就完成了整套工程改造。改造完成后，从重庆到长沙的铁路旅途，将直接缩短到3小时，比原先整整快了7个小时。

在此之前，中国在基础设施方面的超高效率早已不是新鲜事：2007年6月，中国杭州湾跨海大桥正式贯通，被国际桥梁组织认定为全球最长的跨海大桥；2011年，中国青岛胶州湾跨海大桥通车，超越了杭州湾跨海大桥，成为全球最长的跨海大桥；2017年，中国港珠澳跨海大桥贯通并于2018年10月通车，该桥梁不仅长度是世界跨海大桥之最，其多项技术也领先全球。

这些成就，毫无例外地指向了一个令人激动的规律：任何一个企业的全球化发展免不了其母国的背景及实力为其背书。美国从20世纪中期一直到现在，其综合实力无疑居于世界第一，所以现代酒店业的巨头企业大多诞生于这个国家，酒店的产品与服务标准也都由其主导。

那么，东方生活方式成为一种新的世界级的酒店标准，也将成为中国强盛的影响力带来的必然结果。作为佐证，近年来，这种由于经济规模的增长而产生的逐渐向文化方面的传导正日益明显。

电影与艺术作品中越来越高频次地出现的东方生活方式就是一个绝佳的例证：1998年开始在全球上映的电影《花木兰》，票房过亿，影响深远；2011年上映的《功夫熊猫》被称为“好莱坞专门写给中国的一封情书”；2006年的好莱坞电影《面纱》，全片大部分取景地是中国广西的桂林；电影《碟中谍3》有将近一半外景地放在上海，汤姆·克鲁斯在西塘拼命奔跑，喊的是中文“小心”“让开”；灾难片《2012》里，“方舟”建在中国西藏，人类逃离行动的总指挥大发感慨："选择中国没错，交给其他国家不可能完成。"

然而，西方人眼中的东方世界依旧有着巨大的局限性——使用筷子、会功夫、缺乏幽默感等特征，配以东方专有的乐器，如笛子、二胡、古琴等，塑造出了特色鲜明但过于刻板化的形象。

这种视觉形象在许多华人导演的作品中得到了原汁原味的校正：李安凭借《卧虎藏龙》为华人赢得第一座奥斯卡最佳外语片奖杯，片中令人印象深刻的是竹海、古寺；张艺谋的《英雄》与《影》，让东方艺术中最经典的水墨、禅意深入人心。

事实上，不只西方人不了解东方，东方人自己也时常产生疏离感：因为东方文化中有极其矛盾又对立统一的东西，正如中国的工程奇迹中所表现的那样，我们对于建设家园有着异乎寻常的执着与拼劲；但与此对应的是，我们在无数经典艺术作品与现实生活中又将"闲适静雅"作为至高无上的生活标准。

以东方人文居所为例，典型的意境是宁静却不失优雅，远离喧嚣却又草木葱茏、生机盎然。东方人钟情于禅意，禅意即是少几分喧嚣繁华，多一些宁静致远。在经典的东方艺术品中，满眼皆是充满此类情绪的意象与符号：丝竹悠扬，小桥流水，亭前观雨，雪中泛舟；一席清茶，一池碧荷，花馔青灯，声声古语……

对于深谙东方文化的人们而言，群体性的工作理应充满忙碌的厚重感，而个人化的生活则倾向于“种豆南山下”的轻松感。东方人喜欢在房前屋后种植食物已经举世闻名，这足以解释这种生活方式在血脉中之深之远。

尽管上述事实已经足够引人注目，可是具体到酒店行业，将东方生活方式融合进去，又是一项极其复杂的系统工程，并且结果难以预料。

首先，酒店行业受经济规律影响颇深，但文化本身并不会塑造酒店业的繁荣。美国酒店业在“二战”后直到20世纪90年代迎来高峰，2008年的金融危机又令其陷入低谷，2009年全美酒店业RevPAR（每间可供出租客房的平均实际营业收入）与国内生产总值均几乎同时触底；2010年随着美国经济反弹企稳，酒店业重新进入稳定期。与美国酒店业的起伏类似，中国酒店业也经历了数次沉浮，与纯粹的经济起伏相比，中国酒店业受政策影响更甚：1992年邓小平发表“南巡谈话”后，随之而来的宏观调控启动了新一轮增长高峰；2013年中央出台政策，“三公”消费被遏制，星级酒店遭受打击；2016年之后至今，消费升级引领新一轮景气时期。

显而易见，在酒店业的增长或衰退周期中，文化并不是主导原因。但是，文化作为一种行业标准，却能在更久的时间与更广的范围内影响酒店业。“东方生活方式”作为一种标准，一个深刻的挑战在于不仅要抓住景气周期的契机，还要应对下行区间的萧条。

其次，最难的部分并非在于如何将生活方式提炼为标准化的内容，而在于如何将其付诸实施，最终形成根深蒂固的文化。要实现夙愿，依旧离不开规模。东呈的规模已经不算小了，2000家酒店的布局已经让他们进入了全球规模榜单前列，但对于程新华而言，他渴望再度创造历史，依然雄心勃勃。

最后，道路是曲折的，前途是光明的，因为这是大势所趋。法国是世界知名酒店集团雅高的大本营，旅客在法国最偏僻的乡间甚至也能发现宜必思酒店，一边惊叹雅高的渗透力，一边又产生某种忧虑：正如深山老林中酒店的陈旧设施与年迈侍者一样，西方的很多巨型酒店集团已经逐渐摸到了增长的天花板，市场规模与增长速度难以在本土看到更具想象力的空间；中国则截然不同，与发达国家相比，中国已经放缓的GDP增长幅度，但也依旧遥遥领先，酒店业增速刚刚起步。

与此同时，消费升级带来的民众出行需求正在迎来多元化与精品化趋势。消费者在全球范围内需要更精致的酒店产品与服务，也需要更丰富的品牌选择，这些元素与东方文化的结合将开启新的酒店时代。

方向：国际化吃掉本土化，集合店打败单品店

为什么越是民族的越是世界的？为什么国际化会吃掉本土化？

主张新中式美学的设计师们或许是最能解答这些问题的人群。业内优秀的设计师往往拥有海外知名设计机构求学或就业的经历，当他们将国际化的设计理念与东方文化结合起来时，一种新的美学就诞生了，并且反过来形成大众审美领域的巨大影响力。

这种现象说明了一个意味深长的道理：国际化意味着服务对象是全人类，本土化则意味着“一方水土一方人”；换而言之，融合与开放正是人类不断进步的方向。

这就是国际化吃掉本土化的原因，也是集合店打败单品店的根由。融合与国际化也就此表现为程新华赋予公司的新使命：“东方生活方式的世界使者。”事实上，尽管很早就有这样的意识，但是对于整个东呈而言，直到2017年的一次会议上才最终确定了这一使命。

当时，程新华把高管团队拉到北京长安街上一家酒店，开封闭式会议，企业未来究竟做什么，每个人都要发言。几天下来，终于碰撞出了一个清晰的方向：“传递东方美学和生活方式。”

程新华记得那一刻的情形，仿佛一下子撞破了冰山，在一片迷雾中看到了一条延伸至远方的大路。他感到非常兴奋，因为有了这个清晰的方向，意味着接下来的工作都有了奔头，大家的干劲儿有了往一块儿使的目标。

这一使命包含两个构成要件：一个是“传递”，向世界传递，即国际化；另一个则是传递的内容——“东方美学和生活方式”，即东西融合。程新华的兴奋正是由于这二者无比准确地描述了他对于未来原本朦胧的设想。

关于国际化，他早在深圳办厂的岁月中已经目睹，华为与联想的成功故事正是建立在从内地向海外发展的基础上。但与此同时，无数国际化惨败的案例也频繁发生在中国企业身上，程新华不得不慎重。让他最终下定决心向世界传递一种价值体系，则是源于两年前的一次日本之旅。

那次，程新华带领公司高管去日本考察，与无印良品的前社长松井忠三有一场关于国际化的深刻对话。

以极简风在全球开创一种美学范式、生活态度的无印良品，如今蒸蒸日上，但很多人不知道无印良品一度赤字高达38亿日元，濒临倒闭，前社长引咎辞职。松井忠三就是那个时刻临危受命执掌无印良品的。

松井忠三上任后，无印良品四年内从亏损到营收1410亿日元，不仅起死回生，更造就业绩奇迹。因此，松井忠三本人也被称为“无印神话”。

程新华问松井忠三：“为什么无印良品在日本国内还只有十几家店的时候，就开始了国际化步伐？”

资料显示，无印良品从1991年开始进入海外市场，但扩张一度非常缓慢，在1998—2000年这三年，更是遭遇挫败，从亚洲各国全面撤退，店铺数归零。海外市场真正快速成长的时间大概是在2005年。

也就是说，在国际化进程上，无印良品持续亏了15个年头。

程新华想问的是，为什么无印良品不选择在国内“做大做强”后，再雄赳赳地走向国际，而是提前了这么多年，在自己还羸弱时，就要“急着”走出去。

松井忠三的回答是，要是不在早期“提前”成为一家国际化企业，世界上将没有今天这个无印良品。

松井忠三告诉程新华一个更深层的原因：“如果你的企业不是一家国际化企业，那它在国内也不能很好地生存，因为气质、野心、事业、人才结构都不一样。所以国际化是必须做的，既然要做，晚做不如早做。”

程新华后来解释说：“为什么我对这个回答，比其他人有更深刻的领会？因为东呈起步时是区域化的。2006年开始，我们在广西做得很成功，2013年公司搬到广州，开始做全国化。所以，我很清楚做区域化时的缺点，比如企业的格局。”

“你有一省之雄心，可以做一省之企业，你有一国之雄心，那就做一国之企业。整个企业的格局、做事方式、人才，甚至连企业的气质都不一样了。如果我当年始终局限在广西，那全国级的企业，比如如家，可能随时会把我‘吃掉’。”

程新华总结说：“所以你必须要全球化，否则全球化的企业，会随时‘吃掉’本土企业。”

国际化不仅是进攻、竞争的需要，也是企业防守、生存的需要。程新华认为，将来的中国企业基本都是全球的，因为中国市场本身就是一个“国际市场”。

“在中国内地的酒店集团，随着时代的发展，将来面临的竞争一定是国际化的，一方面是国际企业进来，一方面是中国本土企业变成国际企业。如果不是一个国际化的公司，那未来你基本很难在中国持续发展了。”

中国其他几家知名的酒店连锁酒店集团，前两年也提过国际化战略，也在海外开了一些店，但新闻发布后，并没有太多实质性进展。

“我干过从区域到全国，其他酒店集团起步就是全国的，可能没这个感觉。我们现在做国际化，就好像以前我们从区域走向全国。所以很明确也很坚决，趁早做，这是大策略。认定了，就会坚持做下去。”

中国酒店业的国际化又有自身的特点，因为这是一场实质上的“逆向出击”——中国的酒店市场在改革开放之后率先迎来了国际品牌的本土渗透，而本土品牌选择从经济型酒店领域实现向上突围。发展至今，在规模化与品牌化布局完成之后，开始向外扩张。

这种扩张既有巨大的挑战，又蕴藏着同样巨大的机遇，关隘就在于如何实现更有创新性的融合。这种融合，在程新华看来，正是东方美学与生活方式向西方世界传导的机遇。

他观察到一个现象：在国外的很多商场中，每个消费品类都集合了众多品牌；在店铺形态上，则出现了品牌集合店打败单品店的现象。原因很简单，当人们走进一家品牌集合店，可以买到若干潮牌，消费者真正进入了“品牌群殴”的时代。

品牌群殴就是一种融合。当中国的酒店品牌进入国际化轨道，一方面要面临品牌群殴，另一方面则是品牌自身的文化融合。目前酒店业是被西式生活方式一边倒的统治着，而东呈要做的是把东方式酒店从国内开到海外，不仅是给东方消费者一种归属感，同时也能给西方消费者多一种选择。

正道：走大路，找对标，慢半步，快一步

说到东方美学与生活方式，程新华认同一个现状：日式禅意提炼得非常到位，日式酒店的极致服务令人惊诧。但与此同时，他也曾为另一个问题感到困惑：为什么在世界范围内，日式酒店管理集团并未成为主导呢?

因为日本酒店业尽管积淀了经典的东方美学与生活方式，但在国际化发展时面临着一个巨大的困难：日本酒店的文化与服务本质上是小众化、本土化色彩过于鲜明的产品，导致其国际化过程中不属于大路，也就找不到对标；与此相应，其国际化的发展速度过于迟缓，难以后发先至。

另外，在全球酒店业国际化的关键时刻——20世纪90年代开始——

日本国内经历了长达数十年的经济衰退，而当时正是欧美知名酒店集团在全球范围内重新洗牌的时期。与此同时，日本国内酒店业市场也因其岛国属性而受到严重限制，规模化经营较难实现。

作为对比，欧美主导酒店业的局面建立在经济强势的基础上，与此同时，其内部市场足够强大。以美国为例，拥有发达国家中仅次于加拿大的领土面积。广袤的领土意味着其仅凭国内市场就能发展更为有效的规模经济。一方面这样的规模经济会积淀足够多的资本与经验，另一方面也为后续的国际化进程提高了效率，降低了边际成本。

至于日本酒店业最为人称道的高水准服务，事实上离不开日本的高素质劳动力，这种人力资源在服务行业海外扩张时在本质上是无法复制的。另一个无法复制的则是真正适用于国际化的人才。在日考察期间，松井忠三也对程新华提及此事，他回忆说，无印良品还是十几家店铺的日本小公司时，完全没有合适海外的人才，内部培养也缺乏国际化的环境。松井忠三于是把一个几乎不会英文的员工，丢到欧洲，结果几年过去，这位员工回来就是一口流利地道的英文。松井忠三感慨：“在日本可是培养不出这样的人才的。”

一样的道理，东呈如果希望从内部培养出国际化店长，也会遭遇这样的困境。招聘高大上的外国店长，也不现实。说到底，这是一条需要融合本土化与国际化的大路，是很多企业梦寐以求的归宿。

这正符合程新华一直在公司内强调的一句话："走大路，找对标，慢半步，快一步。"

他说："很多事情还在摸索，但总体而言，我们是轻资产出去，品牌输出管理，我们不会重资产收购，这是另一个基本坚定不移的策略。"目前东呈输出酒店品牌，已经在马来西亚、泰国等东南亚国家以及香港地区，慢慢站住了，直观地说："实实在在地可以收钱回来了。"

"我们是区域密集打法，垂直深耕，先把东南亚做好，接着是东北亚、港澳台、欧美布点，一步一步来。"

在国际化的第28个年头，也就是2018年，无印良品在日本国外的店铺数已经远超过国内，而且自然而然地在海外环境下培训出了一大批国际人才，使得全球扩张进入良性正循环：现在无印良品的店长、集团中层，可以很方便地在世界多地店铺轮岗。

还是那句话："慢半步，快一步。"东呈不是第一批走出去的酒店企业，但他们将这种"慢"建立在对于国际化与文化融合的透彻理解上，结果将是可预见的"快"。

终极："东方生活方式"是塔尖上的诗意

东方生活方式，并不是一个与西方生活方式截然对立的概念，而是处于塔尖上的诗意。在塔基层面，无论东方还是西方，都应当拥有相通的东西，即关于酒店的基础运营。

这也解释了程新华为什么在提出“东方生活方式”的同时又要强调“东方芯，西方形”这一理念。形，指的就是酒店的运营管理、连锁化经营、人力资源、服务体系、财务管理等通用的东西；芯，则是东呈经过系统提炼之后呈现出来的独特魅力。

“芯”很重要，但对于东呈而言，“形”是芯的前置条件，甚至比“芯”更重要。

过去12年的酒店生涯让程新华深刻地认识到了一个真相：酒店是传统行业，有简单的一面，也有不为人知的一面。简单，是指人们很容易看到的东西，比如评判一家酒店好不好只需要看看它的房间、餐饮以及服务人员，亲身体验一下就可以得出结论；藏在这些表象之下的不为人知的则是很复杂的东西，比如尽管显性的服务是评判酒店好坏的直接标准，但好的服务其实只是优秀酒店的其中一个构成要件。经营一家单体酒店，只需把服务与产品夯实即可，但是要想做好一家全球化的酒店集团，除了输出优质的服务，更要严重依赖另一套东西——标准化、高效率、低风险的基础运营。

东呈在标准化方面的工作已经无须赘述，这项工作依旧会作为“安身立命之本”在以后的岁月中持续完善；高效率则建立于标准化的基础之上，表现在酒店的运营之中，比如只需两个人（极端情况下只需一个人）便可提供给顾客美味且有格调的24小时餐饮服务，背后的秘密正是通过标准化、安全化的流程，将餐饮提前制作好，顾客需要时进行简单的二次加工即可；所谓低风险，就是结合了标准化与高效率的运营之后，将提炼出来的酒店文化一点点地渗透到日常经营中，避免了那种“破釜沉舟”式的突兀革新所招致的失败风险。

如果说“西方形”决定了东呈国际化的下限，确保其酒店在规模不断扩大的同时始终保持稳定的运营品质；则“东方芯”将决定东呈国际化的上限——这家企业在走出国门之后，将呈现给世界什么样的非凡体验。

怡程酒店的“茶文化”就是一个绝佳的实验。这个由东呈发布于2014年年底的中档酒店品牌，目前在全国已有150家店。

在怡程南宁文化宫店，大堂内首先映入眼帘的是充满东方韵味的禅意盆景，配合着古风浓浓的璞玉，在烛照光效中让人沉浸其间，而最富有东方神韵的细节是由公共区域的YEE CHA茶吧延伸到客房内的怡茶mini吧所弥漫的茶文化。

顾客入住后，可以在公共区域享用东方式的下午茶，精致美味的中式点心配上一杯黑糖大麦茶，整个人都暖了起来。夜晚的YEE CHA茶吧则变身为格调酒吧，特调鸡尾酒和晚安茶让夜晚不再单调，而是完美的生活体验。

在客房内，mini吧由一个原木色的怡盒装点，其中用小试管装着5款精致的茶叶，分别是南非路易博士茶、普洱茶、铁观音、斯里兰卡红茶和翡翠茉莉花茶。

在怡程，不仅可以饮用各种香茶，洗护用品也有浓浓的茶元素。主打自然清新的红茶洗发水、护发素、沐浴液，伴着清甜的柑橘味，夜晚洗浴过后，整个人会浸淫在香甜舒适的感觉中。

在程新华的构想中，茶文化只是东方生活方式的其中一个鲜明的符号，将其渗透在运营成熟的酒店中可以营造出多样的生活选择。以此作为抓手，主打东方文化的酒店将成为一种生活的载体，慢慢生长出一种互联共生的酒店生态。

这种生态并不是只有少数人才会欣赏的小众文化，而是经过提炼与融合，成为通用的选择。以茶吧为例，并不只是提供茶水，也有鸡尾酒和咖啡，只不过相对于西式酒店中的酒吧，会提供种类更丰富、式样更创新的东方生活方式。

以全球范围而论，东方文化也不是一种非主流的小众文化。程新华走遍了全球主流城市，亲自探访过顶级的豪华酒店，更确认了这种感觉——半岛与香格里拉这样的奢华酒店都融合了大量的东方文化，足以证明建立在成熟运营基础之上的东方审美是一种全人类共享的主流文化之一。

让程新华感到兴奋的地方也正在于此，就像他曾经成功地在经济型酒店竞争时代打造出了更好一点的城市便捷酒店一样，用充分提炼的东方生活方式也可以打造出更好一点的中高端酒店。现在与以前相比，更便利之处在于东呈已经具备了规模布局，东方生活方式的出海已经具有现实的可操作性。但是巨大的挑战则在于，这个行业内还没有人如此明确地提出这样的使命，东呈这一次的“再多一点”将失去可供借鉴的对标者。如果一定要找出这样的对标者，那只能是与自己对标、与未来对标了。

到2018年，程新华已经在酒店行业里整整12个年头了。在这12年里，他经历过这个行业的起起伏伏，经历过公司人员的来来往往，经历过从1家酒店到2000家酒店的裂变与壮大，如今依旧充满了对这一行的热爱，也充满了对未来的期待。

未来的东呈，“程”系列将在现有的怡程、瑾程的基础上，继续扩大产品线，推出轩程、臻程等全新的“东方生活方式”系品牌，在品牌的核心基调上依旧是东方系列的韵味，但在品牌性格上会有不同侧重，将呈现一种充满想象力的东方格调与现实应用。

东方系品牌将成为东呈在未来的主打方向，与此同时，在原有的品牌布局中逐渐融合、凝练出代表世界主流文化与生活格调的品牌性格，如北欧文化、英伦与法式生活、时尚与跨界潮流等。东呈将以“东方生活方式的世界使者”身份，为世界各地的顾客提供“再多一点”的选择，而非取而代之。

未来还有太多的事情等着程新华去做，向世界传递东方生活方式、为顾客提供再多一点的主流生活文化体验是其中一大部分，但势必还有许多别的极具挑战性的事情。也许这些事情未必会为他个人和他的企业带来物质回报，也许会有人觉得不值得。可是这个看似务实的人骨子里有一种坚忍不拔的商业浪漫主义，正如《追风筝的人》里那句著名的话：“为你，千千万万遍，遍体鳞伤还是会义无反顾，也许这就是人生，人生不是只做值得的事情。”

后　记

Postscript

这本书并不是那种“类型化”的作品，它记录了一位中国企业家创业的历程，但又不是纯粹的创业故事，里面有很多创业之外的细节，比如时代对一个人的影响、行业内的发展比较、人性深处的某些细节；它梳理了这家企业的经营方法，但它又不是一本管理学书籍，这些方法论很容易理解，一点都不艰深枯涩；它解答了为什么程新华和他的企业能够取得今日成就这个问题，但它不是一本对话录，事实上也没有明确的答案，只是在每一段叙述的过程中都透露着这样一个道理：“人的内心深处存在某种力量，如果坚持得足够久、足够固执，一定会发生什么事情。”

服务行业是中国消费升级绕不开的必经之路，如果这个行业做不好，消费升级不可能实现。所以，这个行业里的人需要有一股足够固执的劲头，朝三暮四的人干不好服务业。

很多人仅凭第一印象就误认为近年来屡屡被曝光的豪华酒店的丑闻代表了全行业，事实并非如此。正如第五章开头提到的那句话：“价格在很多时候只能作为数量的度量衡，服务质量却很难用价格衡量。”所以豪华酒店有时候会让人失望，而有的经济型酒店会让人感到惊喜。

惊喜，在那些做出了大事却依旧对小事念念不忘的人看来，一点都不难。甚至不需要做太多的事情，你只需要多做一点，立刻就不一样了。

“再多一点”，这可真是酒店服务行业的金科玉律啊。在深入东呈走访的那些天里，他们真的表现出了这种劲头。前后数次走访结束之后，他们又再三邀请我们一定要再多去一次，亲眼看一看公司是怎么从南宁发展起来的，看一看那些十几年前一起创业的年轻人们是如何在这行业里终于变成了今天这种成熟模样的，听一听他们讲过去的故事，非常细非常细的回忆。

他们是骄傲的。众所周知，大多数人并不能把服务业做得足够细致，所以他们的骄傲就显得更加骄傲。以城市便捷这个王牌为例，他们配得上这种骄傲，确实做出了足够多的不一样的东西。

最后，感谢黎洪刚、余俊、孙蕊以及他们那些有趣的同事们，感谢程新华和我们开诚布公地聊了那么多不为人知的创业回忆。感谢布克加（BOOK＋）的王留全、余燕龙、叶赞，也感谢巴九灵的姚弃疾、郁璐芳。

这本书对于东呈和以上提到的这些人的意义，肯定不是一个终点，而是一个开始。